What Road to Socialism?
A Workers World Anthology

通往
社会主义
之路

工人世界党文集

[美]萨拉·弗朗德斯 著

褚明亮 译

版权登记号：图字：01-2023-0864 号
图书在版编目（CIP）数据

通往社会主义之路：工人世界文集／（美）萨拉·弗朗德斯主编；襟明亮译. -- 北京：当代世界出版社，2023.8
ISBN 978-7-5090-1740-1

Ⅰ. ①通… Ⅱ. ①萨… ②襟… Ⅲ. ①工人政党-美国-文集 Ⅳ. ①D771.264-53
中国国家版本馆 CIP 数据核字（2023）第 112429 号

书　　名：	通往社会主义之路：工人世界党文集
出 品 人：	丁　云
策划编辑：	刘娟娟
责任编辑：	刘娟娟　徐嘉璐
装帧设计：	王昕晔
版式设计：	韩　雪
出版发行：	当代世界出版社
地　　址：	北京市东城区地安门东大街 70-9 号
邮　　编：	100009
邮　　箱：	ddsjchubanshe@163.com
编务电话：	(010) 83907528
发行电话：	(010) 83908410（传真）
	13601274970
	18611107149
	13521909533
经　　销：	新华书店
印　　刷：	英格拉姆印刷（固安）有限公司
开　　本：	710 毫米×1000 毫米　1/16
印　　张：	16.75
字　　数：	189 千字
版　　次：	2023 年 8 月第 1 版
印　　次：	2023 年 8 月第 1 次
书　　号：	ISBN 978-7-5090-1740-1
定　　价：	89.00 元

如发现印装质量问题，请与承印厂联系调换。
版权所有，翻印必究；未经许可，不得转载。

What Road to Socialism: An Anthology of Workers World Articles

Copyright 2020

World View Forum, New York, NY

We want to make the ideas in this book available as widely as possible. Any properly attributed selection, chapter or part of a chapter within "fair-use" guidelines may be used without permission.

ISBN 978-0-89567-194-3

Production Coordinator: Raymond Tyler

Book Production Team: Raymond Tyler, Ted Kelly, Makasi Motema, Scott Williams, Sara Flounders

"历史唯物主义视域下当代世界文化与文明研究"系列丛书
编委会

编委会主任：张　严

主　　　编：庄文城

副　主　编：王新举

编委会成员（按姓氏笔画顺序）：

庄文城　王新举　李　谧　李媛媛

宋振美　张　迪　孟根龙　贾庆文

董　涛　蒋晓侠　韩　阳　雷树虎

  马克思从历史唯物主义视角出发，分析研究近代社会发展态势，提出了世界历史理论，奠定了科学社会主义的理论基础，对于分析当代世界文化与文明的重要问题具有十分重要的方法论意义。毛泽东运用马克思的世界历史理论，分析了中国与世界的辩证关系，深刻指出："中国问题本来是世界的问题，然从事中国改造不着眼及于世界改造，则所改造必为狭义，必妨碍世界。"中国共产党以马克思主义理论为指导，正确处理中国与世界的关系，带领中国人民步入中国特色社会主义新时代。中国对世界的影响从未像今天这样全面、深刻、长远，世界对中国的关注也从未像今天这样广泛、深切、聚焦。

  面对新形势、新变化、新使命、新要求，习近平总书记以深邃的历史视野和世界眼光，深刻把握中国和世界发展大势，提出人类命运共同体理念，饱含对人类发展重大问题的睿智思考和独特创见。"中国发展离不开世界，世界繁荣稳定也离不开中国。"把中国的前途命运同世界的前途命运紧密联系在一起，推动构建人类命运共同体，是新时代中国共产党人科学回答 21 世纪"建设一个什么样的世界、如何建设这个世界"这一时代之问提出的中国智慧和中国方案，成为中国引领时代潮流和人类文明进步方向的鲜明旗帜。包括联合国在内的国际组织把"构建人类命运共同体"写入各项决议，充分表明这一宏伟理念和美好愿景已得到国际社会的普遍认同，也体现了中国对全球治理和人类社会发展的重要贡献。

习近平总书记在党的二十大报告中强调，中国共产党"必须坚持胸怀天下"，指出"我们要拓展世界眼光，深刻洞察人类发展进步潮流，积极回应各国人民普遍关切，为解决人类面临的共同问题作出贡献，以海纳百川的宽阔胸襟借鉴吸收人类一切优秀文明成果，推动建设更加美好的世界"。中华民族历来讲求"天下一家"，致力于实现"大道之行，天下为公"的美好世界，"以和邦国""以和为贵"的文化基因已深深地融入中华民族血脉。坚持胸怀天下，推动中华优秀传统文化的创造性转化、创新性发展，为新时代坚持和发展中国特色社会主义、开创党和国家事业新局面、创造人类文明新形态提供了强大精神力量。

文化是一个国家、一个民族的灵魂。文化认同、文化自信是凝聚民族共同体的精神纽带，是民族共同体生命延续的精神基础，也是我们在世界文化相互激荡中站稳脚跟的根基所在。当今世界正经历百年未有之大变局，多重挑战和危机交织叠加，各种文化思潮激流涌荡，迫切需要我们更好运用历史唯物主义的基本原理和方法论，研究中外文化与文明的精神实质、交流互鉴和发展规律，特别是深化研究中华文明特质和形态，通过文明交流交融破解"文明冲突论"，为人类文明新形态进一步提供深厚学理

序　言

支撑。2023年3月15日，习近平总书记在中国共产党与世界政党高层对话会上再次强调："当今世界不同国家、不同地区各具特色的现代化道路，植根于丰富多样、源远流长的文明传承""中国式现代化作为人类文明新形态，与全球其他文明相互借鉴，必将极大丰富世界文明百花园"，进一步指明了我们要重视文明传承和创新，深化中外文明多样性交流与合作，提升中华文明影响力，推动中国式现代化取得新进展、新突破，要有为人类发展进步作出更大贡献的世界情怀和责任担当。2023年6月2日，习近平总书记在北京出席文化传承发展座谈会并发表重要讲话中指出："在新的起点上继续推动文化繁荣、建设文化强国、建设中华民族现代文明，是我们在新时代新的文化使命。"从党和国家事业发展全局战略高度，对中华文化传承发展的一系列重大理论和现实问题作了全面系统深入阐述，为坚定文化自信、更好担负起新时代新的文化使命、扎实推进中华民族现代文明和社会主义文化强国建设，指明了前进方向，提供了根本遵循。

北京第二外国语学院秉承"中外人文交流"使命，以服务国家战略和首都发展为己任，以"容中外，兼知行"为办学理念，致力于培养多语种复语、跨专业复合，具有家国情怀和国际视野的国际化复合型人才，在对外文化传播、国际文化交流等方面逐渐形成特色。近年来，学校高度重视马克思主义理论学科建设，以马克思主义中国化时代化的世界意义与对外阐释为主攻方向，鼓励教师、专家和学者围绕中国与世界、当代世界文化与文明等主题开展学术研究，扶持具有学校学科特色的科研成果，培养和发展一批学术带头人和中青年学术骨干，带动学校整体科研和学术水平不断迈向新台阶。

学校着眼于马克思主义理论学科建设，设立了"历史唯物主义视域下当代世界文化与文明研究"系列丛书资助项目。该项目于 2021 年开始策划，2022 年启动，截至 2023 年已资助两批共五部著作，后续仍将陆续推出系列著作。该项目主要用于资助具有较高水平的博士论文、学术专著和学术译著。这一举措有助于鼓励教师、专家和学者运用历史唯物主义的世界观和方法论，加强当代中国与世界的文化文明研究，理解和把握中华文化与中华文明的精神特质，深化文化与文明交流互鉴，推动中华优秀传统文化更好走向世界，增强中华文明影响力，更好理解和把握中华优秀传统文化与科学社会主义价值观的契合、中国式现代化创造人类文明新形态等重大问题，同时对带动我校马克思主义理论学科繁荣与进步，达到"以点带面，纲举目张"的效果具有重要现实意义。相信系列丛书的出版能够促进中外文化与文明的交流互鉴与比较研究、人类文化与文明的本质和规律研究取得新的共识与突破。

序　言 / I

导　语　应对新冠肺炎疫情危机需要社会主义之策 / 1

第一部分　新冠肺炎疫情与资本主义危机的深化 / 3
　　　　　新冠肺炎大流行加速了资本主义最终阶段的到来：剩下的就要看我们了！
　　　　　拉里·霍姆斯 / 3
　　　　　新冠肺炎疫情与马克思主义经济学基本事实　德尔德·格里斯沃尔德 / 15
　　　　　全球资本主义危机加剧之势愈演愈烈　本·卡罗尔 / 18
　　　　　利润是如何推动资本主义危机的　德尔德·格里斯沃尔德 / 25

第二部分　改革，还是革命？ / 28
　　　　　什么是革命之路？拉里·霍姆斯 / 28

1

什么是社会主义之路？ 斯科特·威廉姆斯 / 36
什么样的社会主义？ 美国工人世界党社论 / 44
《社会主义宣言》与社会民主的兴起 斯科特·威廉姆斯 / 47
关于桑德斯竞选的革命性观点 斯科特·威廉姆斯 / 55
哪条社会主义之路：伯尼·桑德斯和新冠肺炎大流行中的投票
特蕾莎·古铁雷斯 / 64

第三部分 国家与开展革命 / 71

组织群众，赢得革命的社会主义 马卡斯·莫特马 / 71
列宁的《四月提纲》——纪念列宁诞辰150周年
德尔德·格里斯沃尔德 / 77
回到列宁主义：纪念共产国际100周年 拉里·霍姆斯 / 84
为什么我们要说让他们都获得自由！ 莫妮卡·摩尔黑德 / 97
组织起来，反对国家 约翰·卡塔利诺托 / 100

第四部分 核心是反对种族主义 / 104

种族主义、新冠肺炎病毒与黑人 莫妮卡·摩尔黑德 / 104
对民族问题的革命性理解 莫妮卡·摩尔黑德 / 109
关于种族主义的谎言在国内外都是一样的 马卡斯·莫特马 / 116
难民的人道主义危机 特蕾莎·古铁雷斯 / 123

第五部分 工人阶级创造历史 / 129

马克思对工人阶级的看法包括一切斗争 拉里·霍姆斯 / 129
新一代社会主义者即将到来 马卡斯·莫特马 / 134

未来十年的革命 马卡斯·莫特马，文森特·塔克塔 / 137
革命之路 陈鸾 / 143
工人阶级青年想要社会主义！美国工人世界党社论 / 150

第六部分　反对压迫：性、性别、残障人和老人　/ 154

党的任务：建立阶级团结 莫妮卡·摩尔黑德 / 154
跨性别者的人生，革命性的变化 美国工人世界党社论 / 159
零容忍！虐待者，出去！美国工人世界党社论 / 162
跨性别战士莱斯利·范伯格团结了所有争取自由的斗争
　米妮·布鲁斯·普拉特 / 164
团结一致走向社会主义 凯西·杜金 / 170
残疾人的权利：阶级斗争的广阔舞台 布莱恩·谢伊 / 174
新冠肺炎疫情与老人的危机 特雷莎·古铁雷斯 / 179

第七部分　国际团结：在全世界捍卫我们的阶级　/ 185

组织工人为团结而战 拉里·霍姆斯 / 185
新冠肺炎疫情凸显社会主义和资本主义应对之间的差距
　约书亚·汉克斯 / 189
中国社会主义计划体制与应对新冠肺炎疫情 萨拉·弗朗德斯 / 193
来自古巴的经验：灾难的资本主义和社会主义的计划
　纳撒尼尔·蔡斯 / 200
美国用"毒性"谎言威胁委内瑞拉 雷蒙德·泰勒 / 206
美国为什么威胁说中国要成为一个新的超级大国 萨拉·弗朗德斯 / 209
古巴、重新造林和气候危机 斯蒂芬妮·赫奇科克 / 217

第八部分　什么是社会主义？　/ 227
　　　第一部分　丹麦、帝国主义和社会民主　德尔德·格里斯沃尔德　/ 227
　　　第二部分　早期社会主义实验的教训　德尔德·格里斯沃尔德　/ 232
　　　第三部分　巴黎公社和上海公社的教训　德尔德·格里斯沃尔德　/ 239

参考文献　/ 247

译后记　/ 252

导 语

应对新冠肺炎疫情危机需要社会主义之策

随着新冠肺炎疫情的蔓延，美国政府对这场危机的反应显然是一种过失犯罪，资本家宁愿拿工人的健康状况冒险，也不愿停止赚取利润。

当统治阶级表明自己无力应对危机时，我们作为工人阶级和被压迫人民，该如何组织起来满足我们自己的需要？我们应该提出什么样的要求来应对疫情？

工人世界党提出了以下十项要求，即基于新冠肺炎疫情的流动性开展工作——作为一种初步的社会主义应对之策。

第一，实行全民免费医疗。

第二，将社区控制下的医疗体系国有化，修建急诊医院。

第三，保证所有人的全薪、福利和收入。

第四，保障食物、住房、医疗用品和公用设施，保证所有人上网。

第五，暂停租金、驱逐、抵押，关闭公用设施，取消全部债务。

第六，优先考虑有色人种、移民、性少数群体、老年人、青年人、残疾人的资源供给。

第七，清空监狱和拘留中心，关闭移民海关执法局，结束种族主义攻击。

第八，实行社区管控，取消警察和军队。

第九，拨款 2 万亿美元给工人，而不是给银行。

第十，结束美国的对外战争、制裁和环境破坏。

第一部分

新冠肺炎疫情与资本主义危机的深化

新冠肺炎疫情大流行加速了资本主义最终阶段的到来：剩下的就要看我们了！

拉里·霍姆斯

2020 年 5 月 12 日

就在上周，工人们刚刚度过了 2020 年国际劳动节。今年"五一"国际劳动节的意蕴——全球工人阶级团结起来，共同反抗资本主义——比以往任何时候都愈加彰显，并成为一项迫在眉睫的任务。我们进入了一个具有决定意义的时期。

全球阶级斗争的丰富内涵要求我们不仅需要工人运动内部的团结，还将需要世界各种组织、运动进行协调。如此众多的各种组织和运动是列宁领导第三国际时期所不曾出现的。物质条件和科学技术的发展让许多不可能成为可能。然而，我们这些作为世界帝国主义中心国家的美国人依然面临着艰巨的任务。

以美国为中心的世界资本主义经济正在急速下滑并陷入萧条。这种萧条可能比资本主义历史上任何一个衰退时期都要更加严重，因为现在发生的衰退是资本主义在其最后阶段的一种内爆。同样令人震惊的是新冠肺炎疫情大流行，事实上，这场疫情已催化了一场酝酿已久的全球资本主义大危机。美国资本主义在 75 年前的第二次世界大战中复活，但是在过去的半个世纪里进入了自己的发展末期。全球化与技术的不断迭代发展，以及对工人阶级生活水平的无情打击，都未能阻止资本主义体系走向衰退。

资本主义一直未从 2008 年国际金融市场的崩溃中恢复过来。自那时以来，金融市场一直靠央行维持生命，已经得到央行数万亿美元的支持。就在美国股市几近崩溃的两个月前，美联储做了一件非同寻常的事，在短短几天之内，就向美国金融市场注入了大约五万亿美元，约占美国年度国内生产总值的四分之一。华尔街现在相当于戴上了一个"金融呼吸机"。在新冠肺炎疫情大流行之前，美国经济停滞不前，其他国家的经济也在不断萎缩。而现在，诸多国家的经济都以比大萧条时期更快的速度走向衰退。

我们这些一直在焦急地等待资本主义走向崩溃的人，应该抑制任何庆幸的思想倾向。新冠肺炎疫情大流行及其对资本主义经济造成的冲击给工人们带来了"人间地狱"和无处不在的压迫。工人们正在死于新冠肺炎疫情大流行，他们不断地失去工作。自杀率正在不断攀升，而且这一数字随着与之直接相关的失业、政府驱赶、饥饿，以及更多的疾病，还将继续攀升。

如果将不符合获得失业福利资格的工人也计算在内——例如许多外来

务工人员、打零工的人和大量下岗职工,他们要么太忙,要么已经家境落魄,所以无法登录其所在州的失业网站——那么美国最近失业的工人实际人数绝不止3000万,而是接近5000万。这意味着美国近三分之一的劳动力已经成为失业者。

资本家需要工人们返回岗位继续工作,因为重启经济可以帮助股市复苏,这就使得阻止新冠肺炎疫情蔓延变得不可能。

当新冠肺炎疫情不再是主要问题时,大多数丢失的工作岗位也不会回来了。导致资本主义衰退的一大因素是这一生产方式依靠工人来购买产品和服务。经济衰退导致的失业意味着工人们已经没有能力购买资本主义由于生产过剩而必须向市场大量倾销的产品。

毫无疑问,那些在正常条件下就已经努力求生存的黑人和棕色人将会遭受最大的痛苦。我们也应该对这场疫情大流行和经济危机给全球南方国家人民生活造成的严重破坏做好心理准备。但是那些生活在主要帝国主义国家的工人,尤其是那些在2008年全球金融危机之前曾经认为自己做得很好的人,也会遭受到这场风暴的沉重打击。

除富人外,每个人都要求终结资本主义

这是清算的时刻。对于任何有理性头脑的人来说,在世界上最富裕的国家,在一个享有人类历史上最发达的科学技术、拥有几乎用之不竭的资源的国家,政府却不能保护民众免受致命病毒的侵害,这种事情完全难以理解。这不仅仅是因为特朗普无能所致。无论是来自共和党还是民主党的

总统和政客，都"忠心耿耿"地支持削弱工人和穷困人群的卫生安全保障。

正是由于这个原因，所以（美国）医院没有足够的床位、卫生保护设备、呼吸机，以及医护人员来应对新冠肺炎疫情大流行。资本主义怀着拯救他们摇摇欲坠的制度的希望而开展财政紧缩运动，导致医院完全无法保护人民的身体健康。资本家本身是否邪恶并不是重点。

根本问题是资本家不能做对社会最有利的事，因为这样做不符合他们自身的利益。资本家的利益是尽其所能地不断积累财富，实现利润最大化，剥削劳动者并维护他们对社会的影响力。如果人民的利益是资本主义关注的首要问题，那么工人就能够安全地待在家里而不用担心失去工作，这是阻止新冠肺炎疫情大流行所必需的。

需要终结的不是资本主义经济，而是资本主义本身。资本主义制度不能保护我们免受流行病、气候变化及其他威胁带来的挑战。这场改变世界的危机的爆发，会使越来越多的人意识到资本主义制度与人民的迫切需要难以兼容，而且它继续存在的话，将对地球上所有生命构成威胁。在彻底终结资本主义之前，我们都将受制于一个人数较少且正在萎缩的超级富豪阶层的支配。

从现在开始，实现制度变革必须成为工人阶级的斗争目标

我们已经到了这样的地步，仅仅暴露资本主义的弊端或者制定一个改良资本主义的目标已经无济于事。资本主义是无法被改革的，它必须被消

灭。即使资本主义四分五裂且在较长时间内无法复兴，但只要它没有被彻底终结，假以时日，资本主义必将自动重组，走向复活。支持解决工人眼前需要的斗争是绝对必要的。不为满足广大人民群众的基本需要而斗争，就没有赢得国家权力的机会。

不能把争取社会主义斗争与争取每个人都拥有工作或就业的权利、全民医保、增加最低工资、停止驱逐分开，而且最重要的是要认识到工人的权利，认识到需要把工人阶级以前所未有的方式组织起来。

马克思、恩格斯在《共产党宣言》中对这一问题提出了革命性的观点："工人有时也得到胜利，但这种胜利只是暂时的。他们斗争的真正成果并不是直接取得的成功，而是工人的越来越扩大的联合。"

如何有效地将终结资本主义的斗争与工人建立社会主义的日常斗争结合起来，将成为一切革命力量面对的中心挑战。应对这一挑战需要从历史中吸取教训，确定过去的教训如何适用于今天的条件。完成这一工作并不容易，这将会是一个不断犯错、遭遇挫折并最终取得胜利的进程。

但是，我们别无选择，只能走上一条革命的道路。资本主义不会自动消失，它必须被终结。我们无法预测美国出现真正革命形势的确切时间，这将取决于许多因素，包括准备就绪的工人阶级，它是唯一能够强大到终结资本主义的阶级力量。但我们现在可以说，今天的事件创造了前不久还不具备的革命性条件。

辩证唯物主义与革命

随着"社会主义"话语的最新流行，网络上关于实现社会主义最佳道路的讨论激发了美国民主社会党的发展和伯尼·桑德斯竞选工作的开展，但大部分讨论都存在一个重要缺陷，那就是这些讨论似乎都假定：由于客观条件不利于工人阶级的激进化，久而久之，他们会成为静止的、永远不变的阶级。结论是列宁主义与革命的时代早已过去，美国的工人阶级除了参与资本主义选举之外，永远不会有其他任何改变的途径，因为他们已经与美国资本主义传统、制度和影响力紧密捆绑在一起。

这一假定的问题在于排除了一个关键性的因素，没有这个因素，实现任何革命的可能性都是不可想象的。这一关键因素就是辩证唯物主义。客观物质条件的变化会推动社会变革，不管这一过程需要多长时间或者我们是否能清晰地看到变革的到来。工人阶级可以在政治上沉寂几十年，然而一旦客观物质条件发生重大变化，就可以在相对较短的时间内把工人的政治意识甚至是革命意识推向新的水平。

此时此刻，物质条件正在创造革命性变革的政治条件。我们决不能低估这种可能性。如果认为只有改革才是唯一影响工人阶级的力量，那么工人阶级就不可能摆脱统治阶级及其政党政治的束缚。这反过来还会进一步破坏工人阶级，并帮助资本主义在其濒临死亡的经历中幸存。

上一次有可能爆发革命且对美国统治阶级真正构成威胁的时间是工人阶级抗争处于高潮的20世纪30年代。时任总统罗斯福明智地向美国资产阶级施压，默许新政对工人阶级作出让步，因为他担心俄国革命在美国重演。这些都是重要的让步，它们帮助美帝国主义在大萧条中幸存下来，使其无可争议地成为第二次世界大战后资本主义世界的领导者。

自 1848 年《共产党宣言》第一版在伦敦出版以来，马克思主义者就被指责过早地预言资本主义的终结。可以说，在事件确认之前，任何预测都是无效的。然而，最后一次喊狼来了绝不会是假警报。我们必须认真对待各种可能性。首先，美国统治阶级看起来不再和以前一样无敌。

如果深入研究统治阶级，我们会发现统治阶级从未有过多大把握。统治阶级大多支持特朗普，是因为特朗普向来愿意尽其所能让统治阶级立刻变得更加富有，而不是以后。

尽管如此，对美国统治阶级而言，美帝国主义的领袖仍是一个令人尴尬的、不稳定的、无能的政治煽动家和江湖骗子。从现实来看，有史以来最强大的帝国主义统治阶级现在变得非常孱弱、士气低落，没有什么政治可信度。此外，在全世界都面临有史以来最大危机的时刻，美国政府对新冠肺炎疫情大流行的应对正在进一步削弱其合法性。美国下一任总统将在特朗普和拜登之间产生。

当前，美帝国主义依旧是非常危险的，而且下一步为了求生还会变得更加危险。美国仍是帝国主义国家中经济规模最大、拥有核武器最多的国家，而且拥有世界上规模最大、技术最先进的军事力量。随着经济萧条对特朗普连任前景的拖累，他可能会尝试一些更激进和暴力的方式，从而将危机转移到其他地方。

美国统治阶级将怎么做？工人阶级将怎么做？

没有人会知道这场经济和政治危机会如何收场。至少目前来看，统治阶级被迫将过去几十年采取的财政紧缩政策抛在了一边。政府表现得更加彻底，采取的动作也比以往几次危机中更快，把数万亿美元投入经济活动。事实上，这些资本中的很大一部分都进了大公司的腰包。

大多数需要救济金的工人要么还没有收到这笔钱，要么压根儿没有资格去领取。政府甚至从未提供过如此大规模的紧急救援资金，如果没有大规模的群众斗争迫使他们这么做的话，他们从来就不会在这么短的时间内去做这样的事。

资本家这样做表明这是一场多么激烈和不同寻常的危机。一些大资本家抱怨说，政府正在破坏资本主义，政府债务中增加的数万亿美元将摧毁资本主义制度。当失业范围不断扩大、趋势不可逆转时，统治阶级会怎么做？统治阶级的力量会尽可能地达成一致，继续在试图找到摆脱危机的方法之际，无限期地为经济恢复提供规模庞大的紧急救援资金，从而阻止社会叛乱的发生。不过这种情况似乎不太可能发生。

更有可能的是，资本家及政客不会同意继续支出这笔钱。资本主义经济增长可能会出现自由滑落。中央和地方各级政治机构可能出现瘫痪甚至崩溃。作为系统对抗工人的第一道防线的警察群体可能会变得士气低落，进而办事效率低下。部分军人可能会因为阶级归属的不同而出现分裂。

想象一下，在这种情况下，工人阶级运动是否正在发展壮大，是否毫无畏惧，是否组织严密，是否为获得国家权力而做好了斗争的相关准备。这种情况听起来好像难以置信。实际上发生的事情将比这更复杂、更持久。然而，除非我们能够预测到革命成功的可能性，否则我们永远无法成功地开展革命。

第一部分　新冠肺炎疫情与资本主义危机的深化

一种新的法西斯主义危险？

没有什么比战争和法西斯主义的威胁更能展现工人运动所面临的挑战。帝国主义列强曾利用这两种武器来转移20世纪30年代的资本主义危机。灾难性的经济崩溃、统治阶级的削弱和一大批小资产阶级失去生意，这些都是典型的情况，可能会迫使一部分统治阶级转向法西斯主义道路，以挽救他们的制度。特朗普为这种可能性铺平了道路。

我们必须极其认真地对待这种危险。然而，法西斯运动强大到足以接管政府和国家机构并非不可避免。决定性因素不会是任何一次特定的选举，也不会是民主党是否比共和党拥有更多的国会席位。亿万富翁在严重危机时期资助法西斯运动的主要目标就是粉碎工人运动。然而，归根结底，最终决定谁击败谁的不仅包括工人运动的组织规模和斗争水平，而且包括工人阶级对自身力量及未来革命方向的认知水平。

工人阶级的群众组织：一种绝对的政治需要

尽管工人阶级面临着种种困难，但他们正在奋起反抗。当形势能够允许工人们再次安全地走上街头时——我们不知道什么时候会这样——群众的愤怒和大规模叛乱可能是我们以前从未见过的。即使在极其困难的条件下，例如在亚马逊、全食、Instacart、塔吉特等企业工作，他们没有能够享受加入工会带来的好处，也在国际劳动节那天组织了游行和罢工，要求获得安全的工作条件和带薪病假的权利。

从卫生保健工作者到农民工，再到杂货店工人和囚犯，世界各地的工人都在为生存权而战。进步和革命力量需要支持这些工人。这种支持不能只靠语言来表达，必须要有具体的团结行动。数百万失业工人将发起一场运动。我们必须帮助这些工人，满足他们的组织性需求，并通过其他各种可能的方式来提供帮助。

许多工会的会员正在减少。这意味着他们将失去资源，这将使其生存更加困难。与此同时，工人组织规模最大、最具战斗性的时期可能即将到来。这将是一种自下而上而不是自上而下的组织形式。工人阶级的群众组织将包括所有工人，即被监禁的工人、移民工人、无证工人、失业者、临时工、性工作者、街头小贩、独立承包商，以及被资本主义政府边缘化的所有其他工人，这些人包括工厂工人、办公室工人、低工资工人，以及城市、州和联邦政府工人。

建立工人阶级的组织不只是一种策略，而是一种绝对的政治需要。没有工人阶级的组织，我们就无法最大限度地实现阶级团结，并在日益扩大的阶级斗争中获胜。在这项任务中，工会可以发挥作用，并产生最大的效果。但是如果没有工会参与，我们就不能阻碍其他工人组织的发展。

工人要在工厂和所在的城市和地区等地成立各级工人大会或工人委员会，我们可以提供一切帮助和声援。工人集会的优势是在任何情况下向所有工人和失业人员开放。这种集会也应该向学生、青年、退休人员和其他任何可以提供帮忙的人开放。如果工人集会是开放的，就会给工人运动带来潜在的巨大力量、包容性，不受与民主党关系或任何狭隘性、限制性的想法和概念限制。不幸的是，这些限制性的想法和概念在有组织的劳工运动的现任领导层中太常见了。

此外，虽然工作场所、行业和地理位置仍然是组织工人的中心因素，但情况的变化和新的客观条件使得有必要避开工作场所的限制来组织工人，尽管存在其他可能和必要的情况。随着许多小规模的斗争发展为更大规模的斗争——进而发展为政治斗争，以及后来的权力斗争——尽量减少在工人阶级组织中造成障碍的一切因素是一种战略需要。

让我们为未来的一切做好准备！

对于那些因伯尼·桑德斯竞选活动的结束而士气低落，并在付出如此多精力进行艰难斗争后筋疲力尽但结果并不理想的活动家们，那些相信有可能建立一个更美好的世界，但最近质疑这一信念的人们，或者那些因近几个月甚至之前发生的事情而受到创伤并感到无能为力的人，请留心。

几个月前的世界和今天的世界之间的差异无法估量，一切都变了。我们许多人现在感受到的都是痛苦、恐惧和不确定性。但正是出于这种痛苦，革命才有可能诞生。

资本主义能否结束，不仅取决于革命者的意愿，还取决于我们无法控制的其他情况。然而，我们的意愿和准备可能成为决定性的因素。如果我们还没有意愿并做好准备，那么我们愿意将终结资本主义统治的任务推给下一代，让这个体系继续折磨和危害这个星球及生活在这个星球上的所有生命？

让我们一起努力重振自己，重振他人，这样我们就可以创造历史。这个星球上的工人和受压迫人民需要有献身精神的革命者，他们愿意牺牲自己的一切为一个没有任何压迫的新世界铺平道路。他们不需要用革命者来代替人民群众。他们需要每个人都为这个斗争付出能够付出的一切，他们需要那些能够为之奋斗一生的人。

新冠肺炎疫情与马克思主义经济学基本事实

德尔德·格里斯沃尔德

2020 年 4 月 24 日

3 月份股市暴跌，但在美联储降低借贷利率后又部分恢复，然后它就崩溃了。公司破产了。石油价格已降至几十年来的最低水平。所有这些都是目前经济活力急剧下降的迹象。但这到底意味着什么？

这不仅仅是因为人们在新冠肺炎疫情大流行期间被迫待在家里，而没有买那么多东西。更重要的是，这意味着创造新价值的工人要少得多了。

这就是资本主义经济正在发生的关键问题。当工人不工作时，就不会创造新的价值。然而，资本主义市场的运作方式是预期越来越多的员工每天上班，在被老板剥削的同时创造新价值，从而实现增长。如果不这样做，就会出现一场大危机。

马克思主义经济学对于理解伴随新冠肺炎疫情危机的经济灾难背后的原因至关重要。以下是对马克思主义基本原理的一个非常简短的总结。我们不能只是免费获得一切可以交换的东西（通常是为了钱），任何商品都具有两种价值，一个是使用价值，另一个是交换价值。

使用价值与交换价值

我们喝的水可能是我们每天消耗的最有价值的东西之一。没有水，我们就会死。因此，水的使用价值是巨大的。但水也很便宜，这意味着水的交换价值很低。水对生命来说至关重要，但它永远不会像香槟那么贵——这很好，但没有香槟我们可以生存！

那么，为什么水便宜呢？简而言之，与我们购买的其他商品相比，水的价格较低，因为提供水所需的劳动力很少，因此水的交换价值很低。

早在这个国家第一次修建水库以及从水库引出渡槽时，就有相当多的劳动力投入供水工程。但现在，大量的水正流入该国许多地区的城市和乡镇，在此过程中几乎没有人力资本投入。因此，在大多数地区，水是一项很小的开支。

当然，不那么便宜的水是来自斐济或其他遥远地区的特制水，它们在各地的商店里出售。这种水要花钱，不是因为它可能质量更好，而是因为它耗费了寻找水源、运输水、制造瓶装水和销售水所需的劳动力。

你可能会想到许多其他商品，它们的使用价值很高，但交换价值很低，如面粉、铅笔、信纸等。有些商品的使用价值可能有限，但交换价值要高得多，如你放在衣柜里几乎不用的望远镜。与水相比，这些商品的成本很高。

那么，什么是交换价值？它又是如何衡量的呢？

人力劳动是关键

交换价值是一种商品相对于其他商品的成本。衡量商品交换价值的关键是在于其包含了多少人力。人类劳动——工人的劳动——创造了所有交换价值。

这是马克思主义理论的基础，但大多数资产阶级经济学家要么忽视它，要么贬低它。

生产某种商品所需的劳动力越多，它的交换价值就越高。当然，交换价值并不是决定商品价格的唯一因素，价格可以根据供求情况波动，但它们围绕一个基本要素波动：生产商品所需要的劳动力。例如，无论市场上汽车供应有多充裕，即使是一辆破旧的汽车也永远不会以一个面包的价格出售。

失业与经济危机

那么，回到当前日益严重的经济危机，《财富》杂志4月16日写道："在4月11日结束的一周内，又有520万美国人首次申请失业救济。这使得过去四周申请失业救济的总人数达到2200万。"这么多工人要么失去了工作，要么因为病毒而被困在家中，因此没有创造新的价值。

这是对日益严重的经济危机的一种清晰解释，但可能不是你在报纸上读到或在电台和电视上听到的解释。企业媒体会报道失业是经济危机的结果，而不是原因，但这是一种本末倒置的说法。再重复一遍，人类劳动——工人的劳动——是所有交换价值的创造者。

当前，数以千万计的工人被隔离，或在按照隔离政策要求待在家里。工人创造新价值所需的"基本工作者"，但他们无法完成自己的工作。因此，资本主义经济正进入危机模式。

全球资本主义危机加剧之势愈演愈烈

本·卡罗尔

2019 年 7 月 9 日

资本主义媒体最近充斥着相互竞争的新闻头条——一些媒体对即将到来的经济放缓发出了严厉警告，另一些媒体则对这一预测不屑一顾。但看看那些醒目的新闻头条，越来越多的迹象表明，全球范围内资本主义经济的收缩可能很快使美国和其他主要经济体陷入衰退。

被称为富人超级赌场的美国股市再次创下历史跌幅新高，这是自上一次重大金融危机以来，时间接近近期历史上最长的一次。当然，这两件事并没有反映出绝大多数社会群体——工人和受压迫者——的现实生活。

银率网 6 月 14 日发布的一项调查显示，近四分之一的美国工人表示，2007 年以来，他们的生活状况愈发糟糕。当然，这只是 2007 年资本主义金融危机对全球许多工人生活深刻影响的一部分，这场危机耗尽了工人的储蓄和养老金，导致大规模工人丧失抵押品赎回权和裁员潮。这场危机同时引入了惩罚性的紧缩政策，引发政府对工人组织和反抗力量的攻击，使零工经济得以兴起，并且使越来越多的工人产生更强烈的不安全感。

同一项调查结果显示，2016 年的平均家庭收入与 2000 年几乎持平。从那时起，一加仑汽油、一盒牛奶、看一次医生和购买几乎所有其他商品和服务的价格都大幅上涨，导致许多人背上了越来越重的债务负担。许多工人，尤其是最受压迫的工人，只能勉强过活。

有迹象表明经济即将下滑

银行家的银行——美联储——已经向经济市场注入了数万亿美元，以保持其运转，从2008年救助期间直接向银行移交资金到降低利率，使银行家和其他大型资本主义企业更容易借钱。主要资本主义国家的许多中央银行都采取了类似的干预措施，以防止经济收缩和陷入衰退。除此之外，特朗普政府还在2017年通过减税给予超级富豪大量补贴。

这一政策是由对全球经济掌握相当大控制权的中央银行家们的阴谋集团实施的，是为了复苏资本主义经济，但目前这种政策的有效性似乎即将结束。

6月13日，摩根士丹利报告称，反映经济状况的商业状况指数下跌了32点——保持创纪录的逐月下降——达到2008年12月以来的最低水平。

美国劳工统计局5月份的报告显示，美国当月仅增加了75 000个就业岗位，远低于预期水平。5月份的失业申请也大幅增加。尽管美国官方公布的就业率仍低于4%，但黑人、拉丁裔工人及女性工人的失业率几乎是这个数字的两倍。这些官方统计数据人为地掩盖了许多人的真实情况，例如美国工人为了维持生计，不得不从事两到三份低工资工作、兼职或打"零工"，或在非正规经济部门工作，甚至已经完全放弃寻找工作机会。

美国商务部报告称，2019年第一季度，美国国内生产总值增长了

3.2%。然而，经更深入的观察发现，其核心经济指标——支出和投资——仅增长了1.1%（《福布斯》4月30日）。

一些被视为彰显经济发展方向的基准指标也折射出即将爆发的金融危机。衡量大宗商品流动规模的"卡斯货运指数"（Cass Freight Index）显示，大宗商品交易规模过去五个月同比出现负增长。类似的统计数据显示，从伦敦到新加坡、从孟菲斯到法兰克福，全球资本主义经济体的许多最重要港口的航空货运量与2018年同期相比，要么持平，要么为负值，其中一些差距非常大。新飞机的订单也有所下降。

资本主义媒体讨论的一个热门话题是政府债券或债务的反收益率曲线。这是指现在政府短期债券的利率高于长期债券的利率。这种情况以前也发生过，当时人们对经济的长期前景感到悲观。在美国每次经济危机之前，这种情况就会出现。银行和大公司是美国国债的主要购买者。这一曲线在3月份曾短暂反转，但自5月下旬以来又再次反转。

最新公布的数据还显示，美国的消费者债务——包括学生贷款、信用卡、汽车贷款等——已飙升至14万亿美元以上，超过了2008年全球金融危机之前的水平。仅学生债务一项就上升到近1.5万亿美元，而2008年为6110亿美元。

美国制造业数据显示，近几个月制造业产值急剧下降。6月，帝国制造业指数创下18年来最大单月跌幅。费城联邦储备委员会发布的类似指数也反映出制造业急剧下降趋势。与此同时，由于制造业工作岗位被裁减、生产放缓，卡车运输业报告称增长明显放缓，航运公司也出现了一系列破产事件。

我们不掌握水晶球占卜术，但这些只是众多迹象中的一小部分，表明不仅在美国，而且在全球范围内，资本主义经济即将收缩。

全球发展的作用

美帝国主义走向衰落，加上长期的帝国主义同盟关系破裂，加剧了统治阶层对经济即将收缩的担忧，也暴露了他们之间的分歧。

为了遏制和削弱中国，美国开启了一场不断扩大的贸易战，对世界第二大经济体的关键行业加征关税。

美帝国主义不顾一切地试图夺回市场，重新获得对中国的优势，这暴露了美国统治阶级内部正在出现的分歧。他们关注的是特朗普政府对中国产品加征关税。这些努力正在一些统治阶级中引起恐惧，他们担心长期的贸易战最终会对他们对全世界的资本主义掠夺产生负面影响。

除此之外，特朗普政府还对移民工人发动残酷的种族主义战争，并威胁要对从墨西哥进口的商品征收高达25%的关税。

随着美国寻求扩大石油和天然气出口，对伊朗发动战争的威胁日益迫近。世界上近三分之一运输的石油和天然气的油轮会经过靠近伊朗的霍尔木兹海峡。美国能源信息中心将这一海峡描述为"世界石油工业最重要的交通枢纽"。

利润率下降趋势与资本主义生产过剩

《纽约时报》6月11日的一篇文章指出："目前，企业利润可能尤其脆弱。总体收入增长快于收益增长。今年第一季度，销售额同比增长约5%，利润下降0.4%。这种势头预计将在未来两个季度持续下去。这表明公司几乎没有能力通过扩大利润率来增加利润。"

马克思关于资本主义制度的重大发现之一是资本主义基本矛盾导致生产过剩危机和利润率下降的趋势。

这一制度的推动力是资本所有者之间的竞争，目的是为其商品开拓更广阔的市场，并扩大生产。如果他们不这样做，他们将被其他成功做到这一点的资本家吞并和接管。这导致资产阶级将越来越多的资本投入到生产过程本身，包括更有效率的商品生产机器，同时减少所需的劳动力。

但是，利润来源于工人所创造的价值，而这些价值超过了他们的工资。

起初，资本家利用更有效的技术获得竞争优势。但是最终这项新技术需要更少的工人，并成为行业的标准。马克思把投资于工厂和机器的资本称为"不变资本"，对于同一行业的所有资本家而言，其成本几乎相同，并被纳入所生产商品的价值之中。

然而，老板为生产过程中消耗的劳动力支付的费用被称为"可变资本"，它取决于老板通过加快生产和降低工资从工人身上榨取到多少。

为了取代工人，老板们在机器等方面花的钱越多，不变资本与可变资本的比率就越大。但利润来自可变资本，即对劳动力的剥削。因此，在机器上花费更多，而在劳动力上花费更少，最终会导致利润率下降。这是资本主义制度的一个主要矛盾。

虽然《纽约时报》的引文本身并没有表明这一现象，但是从整体上看，这是一个有趣的启示。根据截至2017年的官方历史数据，美国的利润率在过去几十年里大幅下降。2007年至2008年资本主义经济危机之后，随着就业岗位大幅削减、生产资料遭到破坏，利润率有所回升，并在2014年达到峰值。从那以后，一直处于相对衰落的状态。

这种矛盾导致生产过剩危机，而这正是世界范围内资本主义制度目前正在演变的方向。资本主义制度下生产的无政府状态，以及为了增加利润而扩张的需要，导致了大宗商品的过度生产——不是超过人们的需求，而是超过可以出售的部分——这反过来又导致整个体系最终陷入萧条。工人和被压迫者非常清楚这意味着什么：大规模裁员、削减开支，以及对工人阶级尤其是最受压迫阶级的全面攻击。

当资本主义制度的堕落和不人道在这些危机中显露无遗时，就可能是工人运动爆发和开展勇敢斗争的时期。在阶级基础上增进全球团结将是关键所在，这种团结反对并直面统治阶级试图用种族主义、性别歧视、性少数群体偏见和其他"压迫之墙"来分化工人群体的种种做法。

共产党人和革命力量要打好基础，提高革命阶级的觉悟和组织水平，积极利用这些经济危机，向广大工人阶级指明斗争前进的方向，通过阶级斗争和社会主义革命的方式来解决资本主义制度的矛盾。

资本主义处于死胡同：需要开展斗争

人们普遍猜测，美联储将在今年年底前至少降息一次，或许还会降息数次。2020年是总统大选年，特朗普将尽一切努力在那之前阻止经济危机——如果遭遇经济危机，肯定会让他失去连任的机会。

特朗普计划在夏洛特举行共和党全国代表大会。夏洛特是美国金融资本第二集中的城市，也被称为"南方的华尔街"。

尽管统治阶级的某些阶层可能会因特朗普更可恶的言论和政策而被迫不情愿地训斥他，但特朗普为他们带来了丰厚的利润，因此他们中的绝大多数人很可能会乐意见到特朗普实现连任，并保障他们的利益。

然而，如果经济在大选前出现萎缩，特朗普会怎么做？是对外发动真正的战争，对最受压迫群体包括移民、性少数群体、妇女和有色人种等进行越来越多的攻击，还是采取其他极端的措施来转移人们对经济危机的注意力？

资本主义制度依靠中央银行的干预才得以维持。金融体系的新危机不在于是否会发生，而在于何时发生。

迫在眉睫的资本主义危机对美国和世界各地的工人和受压迫者来说是暴力的和毁灭性的，他们已经开始每天面临着一连串的攻击。

与以往每次危机一样，华尔街将尽其所能将危机的负担转嫁到工人的身上。2020年的选举将被用来（而且已经被用来）瓦解工人的斗争。我们必须在全球范围内作好准备，基于我们共同的阶级利益，将工人和被压迫者的愤怒引向资本主义制度本身。

利润是如何推动资本主义危机的[*]

德尔德·格里斯沃尔德

2020年3月22日

这种疾病非常严重，现在已经蔓延到全世界，它会以这样或那样的方式影响每一个人。据报道，由于缺乏设备、资金和人员，我们国家的新冠病毒检测工作被推迟。这意味着可能已经有更多的人感染了。

同志们要注意听医学专家的话，千方百计保证安全、相互照应。我们需要在我们的所有活动中考虑到这一严重情况，无论是在办公室里还是在大街上。

这一流行病将影响数亿工人，特别是那些因工作而需要与许多其他人接触的工人，他们要冒着被感染的风险。从西海岸的码头工人开始，美国已经有成千上万的工人被解雇，因为疫情导致部分经济活动停摆。

与此同时，股市继续下滑。本周早些时候，美联储向市场注入了5000亿美元，但没有产生作用。因此，美联储在3月12日宣布，将在接下来的两天内继续向市场注入1.5万亿美元。

那么，在宣布这个消息之后发生了什么？市场会复苏吗？不可能。道琼斯指数在短暂上涨后又下跌了10%，这是自1987年以来的最大跌幅。

这是资本主义经济即将崩溃的明确信号。在政治方面，特朗普扮演的

---

[*] 本文是《工人世界》编辑德尔德·格里斯沃尔德于2020年3月22日在工人世界党纽约分支机构会议上的电话采访。

是一个因自己的良好工作正被他所有糟糕下属破坏而愤怒的领导人角色。他最近的攻击对象是美联储主席杰罗姆·鲍威尔。

这正是统治阶级政客在体制陷入危机时所诉诸的那种政治把戏。特朗普还指责新冠病毒拖垮了资本主义经济。

人民需要的不是利润！

在病毒传播到这里之前，油价就已经大幅下跌了。石油的需求与整个资本主义生产密切相关。石油价格急剧下跌是世界商品产量下降的征兆。新冠病毒使得经济崩溃更加尖锐和深刻，但它并不是资本主义经济危机爆发的原因。

我们来看看中国。第一波新冠肺炎疫情的暴发对中国经济造成了沉重打击，但是中国经济并没有陷入混乱。中国现在开始拆除它在武汉迅速建立起来的急诊医院。中国今天的新增病例只有三例，而资本主义美国今天的新增病例为349例，而且还在不断增加。在资本主义的意大利，今天有2651例新增病例。

中国的疫情危机已经结束，因为中国经济不像美国经济那样完全由利润驱动。利润确实在中国发挥一定作用，因为政府允许一些资本的活动，但获取利润并不占主导地位。中国共产党能够迅速调动遏制病毒所需的资源，在提供关键服务的同时，让人们留在家中。中国政府确保没有人挨饿，也没有人失去毕生积蓄或离开自己的家园。

这场危机比以往任何时候都更清楚地表明，当今世界发展起来的优越社会制度是社会主义——尽管面对着资本主义强大的、破坏性的军事力量,但社会主义仍在坚强地生存着。

今年的选举表明,社会主义已经在美国大众中流行,而且民主党领导人将竭尽全力确保像拜登这样的真正的蓝领资本家获得提名。

让我们带着革命性的信息出发吧。随着危机加剧,人们真的会开始倾听社会主义的声音。

第二部分

改革，还是革命？

什么是革命之路？

拉里·霍姆斯

2020 年 1 月 31 日

为什么我们会提出这样的问题："通往社会主义的道路是什么？"因为这个星球上数以亿计的人正在转向社会主义，转向一些关于社会主义的想法。众所周知，人们对什么是社会主义有不同的看法。

美国有几千万这样的人，其中很多人都是年轻人，也可能有数万人是活动家，他们或者正在支持伯尼·桑德斯或亚历山德里娅·奥卡西奥-科尔特斯做竞选工作，或者正在参与组织工人，或者正在为支持移民、应对气候变化而工作，还有一些人在参与反种族主义运动。

也有一些人受到美国民主社会党的影响，这是一个由社会民主和改革主义者领导的政治组织。一些领导人希望挽救民主党，而一些领导人则希望通过改革来拯救资本主义。

但是不要把领导人与大量人员加入组织混为一谈。毫无疑问，其中一些人可能不会超越改革主义和社会民主政治的范畴。但就其拥抱社会主义的立场而言，他们中的一些人对转向革命持开放态度。

我们的工作任务是把他们中的一些人争取到共产主义组织中去——争取让他们转向革命。我们乐观地认为，如果我们耐心地学习和做工作，并从过去的错误中吸取教训，我们就可以做到这一点。

胜利的革命者

怎样做到呢？这不会是单向的。这是一场长期的政治斗争，尤其是在工人阶级运动的新成员和旧成员内部。这会涉及意识形态斗争吗？当然。这是否需要再次证明资本主义是无法改革的？将会谈论列宁和国家吗？谈论帝国主义吗？谈论我们对我们阶级中最受压迫阶层的义务吗？是的。

而且这也涉及我们的斗争方法问题——整个斗争方法将是我们正在进行的争取尽可能多的人参与斗争的一部分。我们不反对参加地方或国家一级的资产阶级选举。我们反对的是使这些选举活动合法化。如果我们参加选举，那在很大程度上就是为了揭露资本主义选举是工人和被压迫者的死胡同这一本质。

我们支持全民医疗保险、取消学生债务、免除学费和其他一些进步要求。

但是，革命派与改良派之间有一个很大的区别。我们可能会为了某些具体问题与改良派——那些与民主党绑在一起的政治人物——一起进行游行。但在大多数情况下，试图让工人和被压迫者参与斗争，赋予他们权力，采取罢工措施，让他们开始感受自己的分量——这些并不符合社会民主主义者的利益。

当工人和被压迫者接管斗争时会发生什么？他们打破了事情是由司法和立法机构等做决定的观念。

当我们大批走上街头的时候，革命者们就会知道，我们有了力量。改良派的政治取向正好相反，他们会禁止群众运动，压制他们，把一切希望寄托在候选人身上。

想象一下，这些所谓的进步社会民主党人是否能够要求所有的年轻人罢工罢学，以赢得"全民医保"或取消学生贷款——这绝不会是他们的选择。

阶级斗争是一所"学校"

任何斗争——无论是否直接涉及工人——始终是一场阶级斗争。反抗种族主义警察的恐怖主义也是阶级斗争的一部分。

所有伟大的革命领袖和理论家都告诉我们，斗争就是一所"学校"。在这所学校里，工人和受压迫者学习如何赋予自己权力，如何摆脱现状，如何挑战资本主义，如何在每场斗争中学到越来越多的东西，最终变得更具革命性，直到他们觉得自己不再需要这个体制或任何形式的借口，他们也可以一路走下去。

对我们来说，思考这一点很重要，因为在很大程度上，我们将在斗争过程中与改良派和社会民主派展开竞争。接下来的一到三年对工人阶级运动中的革命力量至关重要，至少在美国是这样。

为什么？因为这段时间足够引发下一场全球资本主义危机，无论是由金融市场还是其他因素引发。尽管你必须考虑到有时候事情并不会马上好转，有时候大众的士气低落得令人窒息，就像大萧条和1929年股市崩盘时的情况一样。过一段时间后，工人阶级才站起来开始反击。

当资本主义经济危机来临时

我们很少谈论迫在眉睫的经济危机。国际货币基金组织10月份在华盛顿特区举行了年会，但没有听说太多内容，我们不得不阅读相关的金融报纸。这次会议很重要。美国的一些银行家和银行负责人假装美国在金融市场方面有所不同。不是的。美国经济有所好转，但不会持续太久。

不久前还是国际货币基金组织总裁的克里斯蒂娜·拉加德，最近出任欧洲央行行长。她说："金融市场，特别是美国的金融市场，已经完全与正在下沉的全球经济失去了联系。迟早，真相的时刻会到来。"默文·金是一位备受尊敬的银行家，他曾在2008年全球金融危机期间担任英国央行行长。他表示："世界正处于另一场金融崩溃重演的边缘。有很多文章都在谈论美国华尔街的交易员和靠剪息票为生的富人（coupon clippers）是如何产生错觉的。"

什么时候经济危机要来？我们不能说什么时候，我们只知道经济危机即将到来。这将产生巨大影响。让我们回忆一下2008年全球金融危机的社会和政治影响，当时资本主义金融体系在全球范围内崩溃，几乎濒临灭亡。

我不会详述银行家为重振经济所做的所有事情——他们现在仍在这么做，虽然效率很低，但就经济复苏对工人阶级的影响而言，也发生了很多事情。你去任何过去有过工厂、工人和工会的城镇看看，现在工人中有些人嗜毒成瘾。从20世纪80年代的非工业化到2008年的全球金融危机再到现在，情况变得更糟。

这场危机确实打击了全世界的年轻人。它让这些年轻人的希望只是变成拿到毕业学位、还清贷款，以及到一个舒适的地方工作，无论是为中上阶层还是为资产阶级服务。

而这种希望已经破灭了，这也是"占领华尔街"运动爆发的原因之一。我认为"黑人的命也是命"运动也是如此。

激进化进一步加剧

下一场危机将把过去十年发生的激进化推向更深更广的维度，将更多的工人阶级纳入其中。问题不再是改革资本主义——它本身已经成为一个问题了！

问题是：斗争会更激烈吗？资本主义可行吗？或者为了拯救自己，我们必须摆脱资本主义吗？

这就是我们作为革命者要准备好的。这将是我们与改良派斗争的时刻，因为正是在这个时代，改良派的真面目才会显露出来。而且革命者的本性和力量也会展现出来。

我们将在阶级斗争的学校中学习,每一次开展斗争都会不断积累经验和教训,使我们更接近突破革命的禁忌。

工人阶级的新情况

最后,让我提出一些问题,为即将到来的事情做准备。忘了我的时间表吧,我不能保证是一到三年,这似乎是一个很好的时间框架,但我也可能出错。

我们准备的一些问题是:如何重建我们的党,以便在斗争需要以及在我们的角色可能起决定作用的时候,能够真正履行好我们的责任?如何在工人阶级的重要群体中深化我们的影响?工人阶级的每个组成部分都很重要,包括那些试图保留养老金的老年人。

我认为我们不应该局限于任何特定的工人群体,但我确实认为应该关注两个群体。第一个群体是移民工人。他们是最受压迫的人,数量在不断增加,是具有斗争精神的人。这就是为什么资产阶级要对他们发动阶级战争的原因。因为,资产阶级将移民工人视为可能推动整个工人阶级前进的潜在力量,并试图加以打击。如果我们扩大在移民工人群体中的影响力,将是使工人世界党真正成为一个工人党的重要一步。第二个群体是青年人。曾经有一段时间,当然是在我年轻的时候,当我们作为组织者被认为是年轻人的时候,青年群体是很好的。因为他们正在反对(越南)战争,他们正在尽最大努力让企业都关门歇业。但我们当时的疑问总是:他们以后会怎么样？也许他们会坚持奋斗几个学期，然后获得学位、过上舒适的生活。

从社会经济学和政治学的角度来看，你可以说1969年或1972年的情况是这样。但现在情况并非如此。青年人成为工人阶级的一部分。但他们在某些地方是不被别人理解的，甚至工人运动也没有抓住青年人。在这种零工经济中，不管青年人拥有多少学位，他们都无法保住工作或者赚到维持生计的工资。这是全球工人阶级的新情况，而且在许多方面，青年人是最有活力的新兴群体。

如果我们开始做我们需要做的事情，以便在年轻工人及那些没有意识到自己是工人的人中获得影响力，这也是一件大事。很显然，我们指的青年人也包括在所有行业和领域内工作的性少数群体和女性。

革命之路

我们该如何加强工人阶级的国际主义精神？我们如何在全球范围内让工人阶级成为一个阶级，意识到并积极支持世界各地的工人和受压迫人民的斗争活动，不管语言及地理条件上的差异？这很艰难，但是如果我们走在革命的道路上，就必须解决好这个问题。

我们如何与左翼运动中不必要的、无益的、有时甚至是令人沮丧的分裂进行斗争？工人和被压迫者卷入了许多斗争，但大多数斗争是地方性的。每个人如何得到自己应得的东西？我们怎样才能把斗争中的点点滴滴联系起来呢？我们如何让人们看到本地区之外的东西，看到界定他们斗争的问题之外的东西？

当然，那些自称共产主义者、社会主义者、马克思主义者的政治运动有很多不同之处，其中一些是大问题。它们中的一些差异是如此巨大以至于相互之间无法调和，就像油和水一样。话虽如此，但那些自认为是革命者的活动家们应该在全球范围内共同努力。他们不这样做的原因有些看起来是因为宗派主义，有些看起来是目光短视，有些看起来是因为历史原因，有些看起来只是因为他们仍停留在10年前、20年前、25年前的做事方式上。

除非这种分裂被制止，否则就不会有重大的革命性突破。我们这些已经存在了足够长时间的人，成为这种分裂的一部分，我希望人们认为工人世界党只是参与了其中很小一部分，如何才能对抗这种分裂？如果我们制止分裂，总有一天，年轻人、新生力量就会把所有已经存在一段时间的人推到一边，无论他们是好是坏。

革命之路。什么革命之路？我们要确保我们的政党——它远非完美，但是一个完全革命的政党——不是停留在过去，而是面向未来。

什么是社会主义之路？

斯科特·威廉姆斯

2020年1月31日

"什么是社会主义之路？"也可以说"人类和地球上其他生命的生存之路是什么？"这是一个直接而实际的问题，影响着我们所有人的日常工作。

工人世界党从海地、黎巴嫩、智利、哥伦比亚的大规模起义、玻利维亚对法西斯抵抗政变以及玻利瓦尔坚定的革命斗争中获得灵感。世界人民正在街头游行，反对资本主义、帝国主义和压迫。

虽然这些大规模起义的影响是巨大的，但是如果没有世界共产主义运动的发展，帝国主义和新自由资本主义的影响就不会结束。正如我们在历史上所看到的，在与人民群众有着深厚联系的共产主义革命组织的领导下，进行大规模反对资本主义和压迫的斗争，是走向社会主义的道路。

我们已经看到美国芝加哥教师反对种族主义和不平等的工人运动复苏的迹象。教育工作者、低工资工人、妇女、有色人种，以及更多的工人阶级正在展示罢工的力量。我们目睹了通用汽车几十年以来持续时间最长的罢工。美国各地的工会运动继续取得胜利。左翼力量正在不断增长。

对社会主义的支持率也在增加。根据最近的民意调查，70%的千禧一代，也就是23岁到38岁的人，会投票给社会主义者。三分之一的千禧一代认为共产主义比资本主义好。共产主义的受欢迎程度正在迅速提高。

去年，千禧一代对共产主义的支持率增加了8%；35%的千禧一代对马克思主义持积极态度；20%的千禧一代认为，如果私有财产被废除，世界会变得更好。历史的潮流开始涌向我们这边。

"黑人的命也是命"运动、"占领华尔街"运动和全球气候罢工运动的组织者都是青年人。这些青年人在一个崩溃的、种族主义的、种族灭绝的帝国里面临着人均预期寿命下降和生活水平不断恶化的挑战。

社会主义越来越受欢迎，而由美国总统本人倡导的右翼恐怖主义和白人至上主义遭到质疑，寻求解决方案的呼声无处不在。我们必须证明我们掌握了解决问题的答案。通过我们的思想努力和斗争工作，我们需要取得胜利。

社会民主的死胡同最终将走向社会主义

我们不是唯一一个提出走向社会主义道路的团体。当今最受欢迎的社会民主计划之一是最近公布的由杰里米·科尔宾领导的英国工党发表的《2019年工党宣言》（以下简称《宣言》）。在12月12日的议会选举前夕，科尔宾抛出了他所说的"最激进的"工党纲领。虽然这份文件在新自由资本主义时期看起来很激进，但在许多方面，它只是一个在帝国主义国家内部推行社会民主方案的典型例子。

科尔宾的计划一定会受到英国工人阶级的欢迎。它承诺通过"绿色新政"来解决气候危机——将能源行业国有化，创造100万个工会化的绿色工作岗位，扩大国家医疗服务体系，增加教育经费，设立相当于每小时13美元的最低工资标准，改善工人权利，结束工作中的不稳定状态。这将是向前迈出的重要一步，但是英国工党会带领工人走向社会主义吗？

英国社会民主存在许多严重问题。工党对帝国主义、警察和边境巡逻队的支持，让革命的读者感到震惊。科尔宾不是一个赫赫有名的反帝国主义者吗？有些人可能还记得，他是2003年飞往华盛顿参加反对伊拉克战争示威活动的政治家。他被视为反帝国主义者，因为他捍卫巴勒斯坦人的基本权利，反对战争。然而，工党的纲领并不反对战争和帝国主义。

在《宣言》最后一部分，工党在名为《新国际主义》的章节中概述了其外交政策方针，其中包括如下建议：对英国殖民主义的遗产影响进行审查，以了解我们对以前在英国殖民统治下的地区的暴力和不安全事态起了多大作用。

在谈到杀害全世界数百万人的大英帝国时，"赔款"这个词一次也没有出现过。单靠"审查"是无法解决"英国殖民遗产"危机的！实际上，工党的计划是为了维持帝国存在。《宣言》写道："我们有义务捍卫我们海外领土的安全和主权，包括福克兰群岛。"这份声明再清楚不过地呼吁要保卫帝国秩序。马尔维纳斯群岛（英国称之为"福克兰群岛"）属于阿根廷，而不是英国（马尔维纳斯群岛位于阿根廷以东288英里处）。

《新国际主义》这一节中的一些建议似乎是进步的，例如暂停向沙特阿拉伯出售武器和呼吁结束以色列在巴勒斯坦的封锁、占领和定居点。但在捍卫巴勒斯坦生存权的同一句话中，该宣言侵犯了巴勒斯坦人民的自卫权，因为它呼吁巴勒斯坦人"停止发射火箭弹和恐怖袭击"。

英国工党的战争立场暴露无遗

这种"新国际主义"就像第二国际当时鼓励第一次世界大战一样危险。上面写着:"工党将把英国提供给联合国维和行动的资金增加到1亿英镑(1.31亿美元),这意味着向太子港那些镇压海地运动的部队提供更多资金。"此外,"工党支持更新三叉戟核威慑力量"。

关于阻止战争的论述已经够多了。科尔宾和工党希望继续将核导弹对准俄罗斯。在其他提案中,工党承诺进一步扩大军事工业复合体的发展。

工党提议增加2000名警察,并指责保守党提供的资金不足导致犯罪频发。他们的方案呼吁"警察和安全部门之间进行更密切的反恐协调",并呼吁加强边境巡逻。

不幸的是,在英国工党看来,全球工人阶级似乎并不存在。相反,应该对英帝国进行改革,使其为工人阶级提供更好的服务。对于美国的社会主义者来说,国际团结的问题甚至更为关键。美国一家重要的社会主义出版物《雅各宾》对《宣言》的相关报道非常积极,没有提及工党对警察、边境巡逻队或军队的支持立场。

这个工党宣言不是一条通往社会主义的道路,而是一条保卫帝国主义并使其现代化的死胡同。事实上,社会主义不会通过选举来实现。通往社会主义的道路只能通过大规模的工人阶级运动来实现。宣传工党计划的罢工和示威在哪里?如果没有群众运动的参与,这个议会社会主义的计划注定会令人失望。

弹劾和 2020 年大选

也许没有人比联邦参议员伯尼·桑德斯对社会主义的普及做出过更大的贡献了。桑德斯的政治方案与这些年轻的激进分子建立了联系，并且以一种很少有政治家使用的方式传达了进步政治的声音。

然而，如果桑德斯赢得总统大选，他需要动员工人阶级来赢得"全民医疗保障""绿色新政""人人享有上大学的权利"、对富人征税，以及其他计划。

与此同时，美国的统治阶级正在走向衰落。它不太可能作出任何妥协。它更有可能采取打压措施，粉碎工人阶级的团结，在对外关系上变得越来越暴力，以捍卫其越来越令人担忧的制度。

弹劾程序一直是对桑德斯运动的隐性攻击。这是试图让人们离开街头，将注意力集中在国会无聊的法律程序上。现在信息很明确：南希·佩洛西和企业民主党人将对特朗普进行"抵抗"。而事实上，对种族主义者、性别歧视者、帝国主义者特朗普的质疑、无关的指控可能会使右翼力量动员起来，使特朗普赢得第二个任期。

特朗普的连任将有利于商业的发展。随着下一次经济危机的逼近，美国统治阶级将要求进行财政紧缩，推动更多的私有化政策，激发更多的流血事件及法西斯主义暴力行为。他们不希望看到工人斗争，也不希望加入工人纠察队的桑德斯最终成为美国总统。

如果桑德斯获胜，他的总统任期将面临资本罢工、股市崩盘和资本主义破坏，以及法西斯主义式的政治动员，以使进步性的总统候选人失去任何机会。

走向社会主义道路的建议

在一个建立在种族灭绝、白人至上、奴隶制、父权制和反共产主义基础上的国家里，我们如何能够战胜法西斯主义的兴起？我们该如何支持那些反对资本主义、种族主义、性别歧视和一切形式压迫的斗争，并将其变成一场争取社会主义革命未来的运动？一个简单的建议包括三部分内容：发动一场新的意识形态运动、继续开展社会动员工作和转向开展更深入的组织工作。

首先，我们需要主动开展意识形态斗争，并主动阐明和宣传我们的具体方案。从一定程度上看，工人世界党在2016年总统竞选中已经做到了这一点。我们推出的候选人莫尼卡·穆尔黑德和拉蒙特·莉莉提出了废除警察、移民海关及执法机构、解散五角大楼等要求，我们呼吁在全球范围内对美帝国的罪行进行赔偿。我们以一种其他运动没有的方式支持"黑人的命也是命"运动。

我们必须支持社会改良性的斗争，但同时要解释实现革命性变革的必要性。将来，我们需要解释为什么只要仍由资本家拥有所有的医院、药品，并且拥有越来越多的医疗资源，"全民医保"这项重要的改革就不会走向深入。

我们需要澄清，废除资本主义意味着建立工人对每个主要行业——能源、教育、金融、交通等等——的控制，这是可能的，也是必要的。我们在这个问题上需要比以往任何时候都更进一步。

其次，只有革命性的方案是不够的。我们知道，公开我们的想法并不能阻止美帝国屠杀原住民、毁灭人类及地球上的其他生命。我们知道真正的权力较量是在街头。

在过去的一年里，我们党围绕几个重大斗争成功地进行了社会动员。与移民群体建立团结关系，与工人运动组织建立联系，与美帝国主义征服委内瑞拉和玻利维亚的企图作坚决斗争，这些都是我们取得的重大进展。我们将继续团结一致，反对种族主义和大规模监禁。我们运用工人世界党独特的视角，把反对民族压迫和种族主义作为美国革命成功的关键。

我们需要更大胆一点。我们需要继续组织大规模的动员活动，这些活动在关键时刻能够保卫我们阶级的利益，我们认识到我们的阶级是一个多民族、多代际和多性别的群体，也包括我们移民群体中的兄弟姐妹。这些动员活动需要坚持公开地反资本主义、反帝国主义、反种族主义和亲移民的政治立场，建立全球性的工人阶级团结。

要把这些示威游行想象成一场反对资本主义和帝国主义的全球性罢工。每次出现危机时，民主党人都不会发起抗议行动，我们需要和我们的盟友，包括那些左派，一起谋划终结资本主义系统。

再次，仅凭社会动员是不够的。为了我们党的成功，我们需要把我们的根深深扎进工人阶级中。我们在开展社会动员和意识形态斗争中赢得的同志将成为工人阶级最信任的战士。我们的同志必须成为最优秀的社区组织者、最有原则的工会战士和最清醒的思想家。

我们需要一个战略，让人们献身于建立工人阶级的组织，通过这些组织开展革命活动。这些组织包括工会、工人和人民大会、社区组织和学习小组。深化组织工作，建立与工人运动领导人的关系，是我们唯一的武器。

我们要继续发出马克思列宁主义团结统一的最响亮的声音。我们必须继续做一个有原则的、非宗派主义的政党，努力在共产主义组织中建立更广泛的马列主义团结。玻利维亚和整个拉丁美洲的同志们也理应如此。

我们需要真正的、实际的团结。这一时期的危机需要左翼最先进的力量之间更大程度的沟通、商议与团结。

最后，我们不要放弃希望。对于一个共产党来说，士气低落可能是最严重的疾病。我相信我们会赢，我希望你们也相信。一起建立一个工人的世界！要么社会主义，要么走向死亡，只能二选一！

什么样的社会主义？

美国工人世界党社论

2020 年 2 月 19 日

美国正在发生着翻天覆地的变化。民意调查结果显示，社会主义不再是过去的那个"脏词"，那时候如果公开说你是社会主义者，尤其是共产主义者，可能意味着你将会被排斥、攻击、解雇，甚至入狱。

自从尤金·德布斯参与竞选总统以来，社会党人在美国总统选举中就一直表现不佳。然而，自称为民主社会主义者的候选人伯尼·桑德斯却越来越受欢迎。

让我们假设桑德斯能够赢得总统大选。考虑到两党最有竞争力的竞选对手，他的机会当然很渺茫，但没有什么是不可能的。在欧洲，许多像桑德斯这样的民主社会主义者已经被选举至政府的高级职位上，这些人从统治阶级那里得到了一些让步。但这不是社会主义。

桑德斯没有作为自称社会主义的任何政党候选人去参加竞选。民主党当然从来都没有支持过社会主义。相反地，民主党与共和党作为两个统治阶级的政党，坚决地站在资本主义阵营中。

民主党还成功地向人民群众推销帝国主义战争，让他们为企业支配全球资源而战，而不是为民主而死。

几十年来，民主党也是支持南方种族隔离的政党。但是在北方，特别是在罗斯福执政时期，该党开始与政府扶贫项目联系起来。

发生改变的不是两个资本主义政党的领导层或他们对利润体系的承诺，而是选民的情绪。很多人，尤其是年轻人，已经意识到资本主义是导致这个国家令人难以置信的贫富差距的原因。因此，他们想要改变。

桑德斯的主张代表着其他地方的社会民主党所进行的变革，这些变革给人民群众带来了受欢迎的改革措施，但这种改革同时是与资本主义所有制和对生产资料的控制共存的。

正是这种所有权和控制权赋予了资本家在经济生活和政治生活中的权力。

什么是社会主义？

这就提出了一个问题，真正的社会主义建立在什么基础之上？首先最重要的问题是，只有当工人阶级运用其权力，接管生产资料，并利用这些生产资料来解决贫困和不平等问题时，才能开始对经济进行根本性的改革，以实现社会主义。

这个国家没有理由贫穷，世界也没有理由贫穷。现在的生产力水平是惊人的，完全能够满足人们的需求。为了立即消除贫困现象，真正的工人政府可以通过没收富人财产和根据人的需要而不是为了获取利润来规划经济发展。

为什么全球工人阶级不能作为一个整体来控制生产资料呢？首先，所有的一切都是由工人们创造的。

为什么无家可归的人不能住在空荡荡的大厦和公寓里呢？大多数时候，这些大厦和公寓都是空置的，而他们富有的房主们却在乘飞机环游世界。

为什么这个国家生产的过剩粮食不能用来一劳永逸地消除世界的饥饿呢？

为什么不能在保证每个年轻人都有收入和医疗保险的同时，再研究如何以可持续的方式推动社会进步呢？

然而，在地球本身被肆无忌惮的资本主义制造的危机所吞噬之际，由亿万富翁的资金建立起来的旧政治制度仍然支配着各国的政策。不能再这样下去了。

工人世界党致力于组织一场旨在实现社会主义的革命运动。选举可能是观点转变的晴雨表，但这场运动并不会在选举日结束。它随着每一次争取社会正义的斗争而壮大——伴随着每一次的罢工、每一次的抗议和每一次的静坐。这场运动建立了工人阶级的团结，反对白人至上主义、性别歧视、对性少数群体及移民群体的压迫。

建立一个真正的革命运动是未来的关键。如果你想为真正的社会变革而战，请加入我们吧！

《社会主义宣言》与社会民主的兴起

斯科特·威廉姆斯

2019 年 9 月 10 日

来自社会主义和共产主义团体的作家们都在公开讨论实现社会主义的策略。每一个社会主义组织都需要分析过去，才能展望未来。随着民主社会主义组织的发展，革命者应该如何看待通往社会主义的道路问题？

《雅各宾》杂志的创始人，同时也是美国民主社会党前副主席的巴斯卡·桑卡拉是美国不断发展的社会主义运动中最有影响力的领导人之一。拥有超过四万订阅者和每月数百万在线浏览量的《雅各宾》杂志，成为意识形态和实践辩论的主要平台。美国民主社会党拥有六万名成员，已成为公开认同社会主义的最大组织。桑卡拉的著作《社会主义宣言：极端不平等时代的激进政治主张》从社会民主视角回顾了社会主义运动中各种思潮的历史。

《社会主义宣言》一书的最初标题是《我们时代的社会主义》，其部分内容是对工人阶级国家和资本主义社会民主的历史分析，部分内容是对社会民主未来的假设，最后一部分内容是一个包括 15 点内容的行动呼吁，该书综合了桑卡拉对过去历史的解读，并推动了阶级斗争和社会民主的向前发展。

从选举之路走向民主社会主义

桑卡拉从未主张过类似于由布尔什维克主义者、中国共产党或古巴7月26日运动领导的社会主义革命。在他的书中，桑卡拉不遗余力地重申了限制革命爆发的许多流行观点。我们可以在任何资产阶级报纸上找到这些内容。

桑卡拉承认社会民主党派在建设社会主义方面的一些失败案例。他承认德国社会民主党的不足，这些不足导致了第一次世界大战的爆发、希特勒的崛起和德国共产党的灭亡。

为了寻找一个由社会民主引领社会主义方向的成功的、充满希望的榜样，桑卡拉深情地看待瑞典50年的社会民主——或者用他的话说，是"有史以来最人道的社会制度"。桑卡拉哀叹，20世纪70年代瑞典从社会民主过渡到民主社会主义的潜力已经丧失。资本主义经济的主要组成部分——银行、主要工业和国家——仍然处于少数瑞典家族的控制之下。不出所料，掌控着绝大部分经济实力的15个家族阻止了建立工薪阶层基金的立法，这个基金原本能够使工人集体占有这些产业。

该书并没有提及瑞典向纳粹国家提供铁矿石，并掠夺非洲国家的行为。1960年，瑞典政府向刚果（金）派遣6000多名士兵，导致帕特里斯·卢蒙巴被暗杀，瑞典控制了刚果（金）的铜矿。该书忽略了瑞典帝国主义与其他主要帝国主义国家的次要伙伴关系，就像忽略马克思列宁主义的帝国主义概念一样。

桑卡拉在关于2036年的美国假设性思维运动中看到了从社会民主到民主社会主义的转变："随着越来越多的决定权掌握在普通人手中，公民的生活充满了政治辩论和新思想。甚至分配问题也没有得到解决：中间偏右的政党主张采取更多的市场激励政策和减少基本收入；中间偏左的政党质疑传统的经济增长指标，提出用幸福指数来代替；坚持国际主义的左派呼吁更有力地支持海外工人运动，在国内实施更广泛的民主规划。而右翼则呼吁恢复资本主义制度，但这一主张获得的支持随着时间的推移而不断减少，就像君主制在19世纪和20世纪慢慢失去自己的支持者一样。"

在本书末尾，桑卡拉进一步阐述道："我们的任务是艰巨的。民主社会主义者必须在立法机构中获得决定性的多数，同时在工会中赢得广泛支持。然后，我们的组织必须愿意以大规模动员和政治罢工的形式来展示我们的社会力量，以对抗资本的结构性力量，并确保我们的领导人选择对抗的方式，而不是与精英妥协。这是我们不仅要使我们的改革持久，而且要彻底与资本主义决裂，建立一个重人轻利的世界的唯一办法。"

否认阶级专政

这种致力于民主社会主义的多党制的美国议会制度，否认我们目前生活中存在的阶级专政的现实。这种向社会主义的民主过渡忽视了大企业和亿万富翁对国家机器〔联邦调查局、"反谍计划"（Cointel Pro）、五角大楼、警察、法院、监狱等〕的掌控，以及资产阶级对教育、媒体、宗教和文化机构的控制。这个国家强制推行各种形式的种族主义、歧视残疾人、仇视女性、家长制和阶级压迫。

虽然向社会主义和平过渡的政治想象可能很有吸引力,但这种做法否认了美国的历史是一段充斥着武装占领、经济制裁、警察和军事暴力,以及对每个试图摆脱华尔街控制的国家进行种族灭绝式攻击的历史。哪个阶层(是亿万富翁还是工人阶级)将控制国家的问题,并不是通过桑卡拉想象的图景就能解决的。他的渐进主义假设充其量只能起到调解阶级冲突的作用,但无法建立一个真正的工人国家。

基于现实的革命斗争经验,列宁的经典著作《国家与革命》读起来像是对《社会主义宣言》的直接回应,该书回应了类似的社会主义改造乌托邦愿景。列宁在第一章中写道:"既然国家是阶级矛盾不可调和的产物,既然它是站在社会之上并且'日益同社会相异化'的力量,那么很明显,被压迫阶级要求得解放,不仅非进行暴力革命不可,而且非消灭统治阶级所建立的、体现这种'异化'的国家政权机构不可。"[①] 列宁不遗余力地批判那个时代像桑卡拉一样主张对资本主义统治结构进行改良的学者。

帝国主义、民族解放和机会主义

列宁主义者们多次指出,在过去100年的社会主义革命历史中,民族解放运动往往是与社会主义运动紧密相连的。工人世界党的创始主席萨姆·马西在1983年阐释了这一问题的意义,他写道:"在工人阶级和被

[①] 中文马克思主义文库,https://www.marxists.org/chinese/lenin/191708-09/02.htm#1。——译者注

压迫人民面临的所有重大国内政治问题中，没有任何问题的重要性能够超过民族压迫与阶级斗争的关系。"事实上，可以说这是美国基本社会问题的核心所在。它涉及社会存在的方方面面，没有任何一个社会领域能够不受它的影响。

桑卡拉说左派应该是"普世主义者"，并且指出"开展民主的阶级政治是团结人民对抗我们共同对手以及赢得那种能够帮助最边缘化群体的变革的最好方式"。这代表着美国民主社会党内部的一个主流观点，其淡化了特殊压迫形式如种族主义、性别歧视、残疾人歧视和反性少数群体压迫（"身份政治"）的意义，支持所谓的聚焦阶级的方法。

桑卡拉很少提到反对种族主义或其他形式的压迫是争取社会主义的一个关键组成部分。在他关于美国社会主义史的整个章节中，绝大部分的讨论都集中在尤金·德布斯、社会党、共产党，以及后来的麦克·哈灵顿与美国民主社会党上。书中没有提及黑豹党、棕色贝雷帽、少爷党或美国境内任何其他民族的解放斗争，这些斗争将反对种族主义的斗争与争取社会主义的斗争结合在一起。

在帝国主义时期，支持民族解放和反对种族主义是国际社会主义战略的根本任务。桑卡拉对中国、安哥拉、越南、韩国及其他国家的努力不屑一顾，称这些国家利用社会主义来推动威权资本主义发展。古巴革命被他描述成是一场"自上而下的革命"，其革命的未来掌握在"新一代国家官僚主义和重新兴起的商业利益"手中。这一分析令那些目睹古巴激进民主、钦佩古巴领导人动员和团结人民捍卫革命的能力的人感到震惊。

委内瑞拉可能是近代史上社会主义政党利用现有选举程序赢得重大胜

利,并为受压迫者提供真正民主和人权的最好案例,但该书一句话也没有提到。目前,委内瑞拉面临的挑战恰恰表明,其需要一场社会主义革命来解除寡头政治和帝国主义的武装力量,这些武装力量对委内瑞拉今天面临的问题负有主要责任。

桑卡拉认为,社会主义只能在发达的帝国主义国家中建成。这一观点,正如他对瑞典社会民主政体的推崇远超对帝国主义压迫下数十亿人民的胜利的赞赏,以及他和美国民主社会党中的其他人将阶级置于身份政治之上的做法一样,均散发着沙文主义的味道。

与此同时,桑卡拉以阶级为基础的社会民主渐进主义代表着对马克思主义科学原理的否定,马克思主义认为工人和资本之间阶级对立的矛盾是不可调和的。桑卡拉认为社会主义可以通过资产阶级的选举进程来和平实现,这是对工人阶级和被压迫者的严重误导和迷惑。历史证明,情况恰恰相反,想想1973年中央情报局在智利发动的血腥政变吧。

最终,桑卡拉版的社会主义力图对资产阶级、反共产主义知识分子和工人阶级中的特权阶层给予尊重,认为除了帝国主义之外没有别的出路,因此他就社会主义的核心价值观作出机会主义式的妥协。

反对美国帝国主义,支持废除资本主义警察、军队和国家结构的主张,反对种族主义和一切形式的压迫,保护正在建设社会主义的国家免受帝国主义的攻击,这些才是革命战略的关键原则。

让帝国主义衰败的时光倒流

"社会民主总是建立在经济扩张的基础上。"桑卡拉说得对,社会民主在帝国主义扩张的不同时期分别取得了进展。

不幸的是，对于社会民主来说，资本的所有者面临着一种系统性的危机。高科技资本主义生产的增长——最初设计的目的是通过减少工人数量来实现利润最大化——已经变得需要大量资本，导致产生了马克思所阐释的利润率下降的趋势。事实上，现在是帝国主义发展的晚期阶段。帝国主义是一种腐朽的制度，它如此肆意地掠夺地球，导致地球上所有的生命体都受到了严重威胁。

正如马克思所解释的，资本家必须"扩张，否则就会灭亡"，因此这个时候他们正在努力开拓新市场，增加利润。恰恰是由于资本主义体系的生产力如此之高，才进入了一个持久性的生产过剩状态。作为社会民主物质基础的经济扩张已经几乎没有了空间。

在过去20年经济的失业型复苏中，工人们继续被赶出劳动力市场，而资本家们则把窃取来的工资投入金融部门，而不是生产型经济。

全球劳动力市场在过去30年翻了一番，这意味着正如马克思主义者所说，资本家有一支规模更大的"后备军"可供支配。他们不再需要帝国主义国家那么多相对享有特权的工人。白人至上主义的恐怖、长期的紧缩、低工资、预期寿命缩短和大规模监禁的扩大都是帝国主义危机的症状。

在这样的背景下，桑卡拉试图使资本家和工人之间达成理想化的妥协，力图荒谬地让帝国主义衰败的时光倒流。

重建共产主义运动

卡尔·马克思和弗里德里希·恩格斯在 1848 年的革命时期写了《共产党宣言》。《共产党宣言》代表着科学革命理论的一次伟大飞跃，至今仍激励着数十亿人。而《社会主义宣言》是在国际共产主义运动遭受严重损失的时候写成的，反映了当时左翼的软弱和对于超越资本主义的无能。

与此同时，由于五角大楼、美国银行和公司的政策，整个地球正在遭受考验。我们没有时间和这些资本家妥协。为了捍卫人类的未来，我们必须为工人阶级赢得生产资料控制权而战，打败那些威胁人类生存的大银行和大企业。

社会主义的革命政党、列宁主义政党和共产党近年来都有所增长，尽管目前没有像美国民主社会党那样引人注目。像工人世界党一样，这些组织将他们的政治斗争与自十月革命以来在世界各地发生的成功革命的经验联系起来。他们对资本主义、帝国主义、种族主义、性别歧视、性压迫和残疾人压迫等现象进行了深入分析，同时坚决捍卫现存社会主义国家的荣誉，积极支持最受压迫的社会群体。我们必须致力于普及这些列宁主义原则，为社会主义革命继续奋斗。

关于桑德斯竞选的革命性观点

斯科特·威廉姆斯

2020 年 2 月 22 日

对民主党总统候选人提名的竞争已经成为美国政治生活的一个焦点。对于革命者如何看待这场运动的争论，我们必须回答以下问题：桑德斯运动的阶级性质是什么？桑德斯运动对全世界工人阶级和被压迫者的利益有什么潜在影响？这种发展如何能够在美帝国的心脏地带引起更广泛的革命热潮？对此我们必须制定一个行动计划。

桑德斯运动的阶级性质和时代背景

社会民主和自由改良主义的复兴，尤其是民主党内左翼势力的崛起，是美帝国主义衰落和美国资本主义经济无力为大多数工人阶级提供体面、高薪工作的一种反映。

一方面，中国已成为美帝国主义征服世界面临的一个明显的经济和地缘政治挑战。另一方面，美国仍然受到无休止的帝国主义战争、大规模监禁、低工资、巨额债务、就业不足、性暴力，以及种族主义、法西斯主义和恐怖主义的困扰。一场巨大的金融崩溃即将到来，有可能最终暴露出实体经济的弱点，进而推动统治阶级对工人生活质量采取更深层次的攻击策略。

在反对美国银行、公司及其附庸国的新自由主义经济恐怖主义的斗争中，工人阶级走上了世界各地的街头。在智利、厄瓜多尔、海地、法国、哥伦比亚和其他地方，数千万人反对紧缩政策和资本主义统治，如果把印度包括在内，则有数亿人。美帝国为了维持其对世界经济的控制而进行的歇斯底里的尝试，已经在伊拉克、伊朗、委内瑞拉和巴勒斯坦遭到反帝国主义的回应。

这场全球斗争的共同问题是，生活在资本主义社会中的工人阶级青年的前景日益黯淡。一个跨国青年运动将新自由主义的资本主义视为其主要敌人。从某些层面上说，为青年群体发声的佛蒙特州联邦参议员伯尼·桑德斯的第二次总统竞选活动得到了美国一部分工人阶级青年民众的支持。

面对日益弱化的全球资本主义体系，任何像桑德斯竞选团队这样的改革派运动的可行性都是值得考量的。社会民主制度与进步性的改良主义能走向复兴吗？与其他世界强国相比，美国资本主义经济正在走向衰落，统治阶级对于维持其利润不断丧失安全感，因此他们加剧了对劳动阶级的剥削，剥夺了由工人创造的越来越多的财富。

没有美帝国主义扩张和攫取超额利润带来的物质基础，社会民主制度的任何重生都很难给工人带来有意义的好处，即使它赢得了选举。相反，我们需要的是一场旨在终结资本主义的运动。

统治阶级攻击桑德斯

本月早些时候，桑德斯表示："今天，我们在许多方面，生活在一个社会主义社会里。唐纳德·特朗普在成为总统之前，即他还是一个商人的时候，曾获得过八亿美元的税收减免和补贴，在纽约建造了自己的豪华住宅。关于社会主义，我和特朗普的区别在于，我认为政府应该帮助工薪家庭，而不是亿万富翁。"

作为共产主义者，我们很清楚桑德斯持有我们不能支持的政治立场：他不支持国际反帝国主义斗争的团结运动，不支持对奴隶制的赔款，也不支持"黑人的命也是命"运动；他尖锐地攻击委内瑞拉的查韦斯和马杜罗等亲社会主义领导人，支持将性工作定为犯罪行为的相关法律，等等。

桑德斯的计划更像是 20 世纪 60 年代中期林登·约翰逊的"向贫困宣战"，或是 20 世纪 30 年代的罗斯福新政。桑德斯的社会民主之所以被认为是"激进的社会主义"，是因为美国统治阶级早已把右翼的、亲资本主义的意识形态和计划强加给了民众。

美国的统治阶级或者可能掌控金融资本、石油、制药和卫生保健等高盈利行业，或者是房东或房地产投资者，掌握大数据、农业和其他部门。他们在具体利益上的细微差异体现在民主党与共和党两党身上。

然而，大多数大资本家对特朗普把财富转移到他们的口袋里感到非常高兴。而其他人可能认为特朗普是个任性的人，认为乔·拜登、迈克尔·布隆伯格或其他政治家更有能力保护和扩大他们的利益。但是，他们都联合起来反对桑德斯，这不仅是因为桑德斯可能对他们的利润造成影响，还因为他们担心一场更大的社会运动可能会对精英们掠夺财富和利润的现状带来考验。

因此，我们可以预期，如果桑德斯的竞选活动继续获得支持，针对他的反共攻击将继续升级。这种给人扣红帽子的破坏行为必须以一场真正普及社会主义的积极运动来应对，而这场运动要超越桑德斯关于社会主义是为富人存在的偏执观点。

我们的运动必须毫不含糊地捍卫社会主义的必要性，以及工人掌握生产资料的明显与切实的优越性，并与将人类需求和地球生命置于利润之上的规划相结合。

国际主义是必要的，而不是一种麻烦

除了扣红色帽子以外，亲以色列的力量对桑德斯的攻击——类似于英国媒体对前工党领袖杰里米·科尔宾肆无忌惮的攻击——将继续下去。尽管桑德斯将他关于巴勒斯坦的声明限制在支持基本人权的范围内。

桑德斯本人也是犹太人，然而，这并不能阻止那些称他是反犹太主义的攻击——仅仅是因为他没有完全支持以色列灭绝巴勒斯坦人民的杀戮运动。这些攻击必须由一场强大的反对种族主义运动来应对，以捍卫巴勒斯坦人民在地球上的生存权。

桑德斯声称反对美国在伊拉克及其他地区的战争，但他的投票记录并没有反映出这一点。那些希望桑德斯的国内计划取得成功的人必须与桑德斯对美国帝国主义的支持作斗争。帝国主义的内外政策是直接相关的。这两项政策都是关于被压迫者和压迫者之间的力量平衡。

虽然自由派政客们可能害怕采取反战立场，但社会主义者必须揭露，帝国主义的外交政策都是以满足资本主义的需要为原则的。我们必须高举国际团结的旗帜,必须以全球受到有史以来最暴力、来自华尔街和华盛顿统治精英威胁的75亿多人生存的名义,与帝国主义的无情制裁和谋杀进行抗争。

我们美国工人阶级的斗争,主要是针对美国的亿万富翁,而不是针对其他国家。革命胜利主义的战略是击败统治阶级,就像在第一次世界大战期间所表达的那样,这对革命者来说应该是基本任务。复兴的左翼力量也必须加强学习这一点,因为长期以来他们一直受到资产阶级好战宣传的影响。

我们也要学习中国、委内瑞拉、伊朗、古巴、朝鲜和其他国家是如何抵抗帝国主义的。建立工人阶级的国际主义和团结被压迫者是我们社会主义长期革命目标的核心。

美国工人阶级在海外的盟友可能会将桑德斯的当选视为对帝国的胜利。桑德斯的胜利可能会引发关于需要瓦解美帝国以拯救地球、重建全球经济和向那些被美国剥夺权利的人支付赔偿的激烈斗争。

然而,如果桑德斯公开支持美国关闭边境、对外制裁、空袭及其他措施,将削弱他的民意支持,而他不得不依靠这个民意基础击退来自右翼的必然攻击。这一矛盾可能会引发更激烈的斗争。

选举:晴雨表还是组织工具?

作为革命者,我们知道社会主义改造对人类和维持地球上的生命是必要的,我们知道这种改造绝不能通过使用美国宪法中描述的统治工具来实现。相反，我们认为资本主义选举是对美国多民族工人阶级和其他社会阶级政治态度的一次有限调查。按照每四年一次的周期，有大约55%的适龄选民——以及更多受压迫较少和年龄较大的工人阶级选民——从两大政党中选出一位总统，这两大政党的候选人都是来自资产阶级。

桑德斯的竞选团队试图利用民主党提出符合工人阶级利益的问题。许多美国民主社会党成员认为，桑德斯的竞选活动以及更广泛意义上的选举政治，是动员工人阶级并使其激进化的主要渠道。这一点与20世纪30年代至70年代左派把劳工运动或其他社会运动视为推动政治化和阶级认同发展的中心目标不同。

民主社会党和其他与桑德斯竞选并肩作战的左翼团体认为，桑德斯的竞选是逐渐建立大众意识的一条捷径。许多年轻的活动人士以支持桑德斯竞选的名义走上街头，推动整个阶级团结起来反对亿万富翁统治阶级，并试图在运动中为自己的社会主义组织争取更多的支持者。

统治阶级的意识形态坚持认为，政治的主要舞台是资产阶级选举，特别是全国性的总统选举。因此，当左派制定政治战略时，是否参加选举的问题其实就是考虑能否建立社会主义革命意识的最有效群众组织形式的问题。

桑德斯的竞选活动优先考虑了过去十年"占领华尔街"运动的中心原则：发动99%对1%的斗争。桑德斯在种族正义、移民权利和其他许多政策方面提出了更强硬的立场，这些立场反映了人民运动组织者的辛勤工作。

桑德斯2016年的初选对右翼建制派民主党产生了重大影响，为社会主义组织赢得了数以千计的新成员。民主社会党和其他组织加入了桑德斯今年的竞选活动，目标是招募新成员，把竞选活动推向左翼并乘势而上，看看运动最终会走向何方。

如果民主党全国委员会从桑德斯那里窃取提名，会发生什么？民主党的左派组织还会坚持"不管是谁，投给蓝色"①吗？桑德斯的运动会不会出现政治分裂，即使桑德斯本人拒绝，他们会决定与民主党进行"肮脏的决裂"，并组建一个新的社会主义第三党来参加竞选吗？

如果桑德斯获得了提名，然后赢得了对特朗普的选举呢？在资本家的愤怒和股市可能直线下跌的情况下，谁来为他辩护呢？在选举结果的鼓舞下，群众运动会出现并向更激进的方向发展吗？

资本主义民主的海市蜃楼会被描绘为一场骗局吗？这会使群众士气低落还是会激化他们？

尽管桑德斯运动的命运尚未揭晓，但革命社会主义者们面临的最紧迫问题可能是：如何最有效地鼓动、教育和组织这场桑德斯运动，使其成为一场反帝国主义、反资本主义的革命运动。

哪条路通向社会主义？

工人世界党认为，革命性政党参与资本主义选举政治的目的应该是推进其革命纲领，打破人们对资本主义民主的幻想，赢得工人阶级的广泛支持。民主党过去一直是社会运动的坟墓。但是，资产阶级的政治运动可以

---

① 民主党代表色是蓝色。——译者注

反映和彰显人民运动的伟大意义。

我们计划通过行动来回答对桑德斯运动是给予至关重要的支持，还是与之保持距离的问题。我们将参加桑德斯的竞选集会，以回应这一运动的诉求并推动革命社会主义的发展。我们将与桑德斯运动的活动分子们一起走上街头，在此过程中向年轻人提出要求，寻求实现革命性的变革。我们将以革命性的乐观态度看待桑德斯运动的发展，并将对其进行仔细研究。

工人世界党仍在考虑如何介入 2020 年总统大选的问题。我们确定将搞一场大的思想运动，名字叫作"哪条路通向社会主义"。通过这一努力，我们将以多种方式提出并阐明我们的革命社会主义观点。我们将在全国各地的分支机构定期组织研讨小组，进行深入讨论，同时与桑德斯运动和其他左翼人士接触，与他们探讨社会民主制度的矛盾和争取民众为实现革命社会主义而斗争等问题。

我们将指明桑德斯运动的弱点，并将其推向革命的方向，不是通过宗派主义或机会主义的方式，而是通过发动一场实事求是的意识形态斗争和开展一场满足工人阶级和受压迫者需求的群众斗争，使其走得更远。

即使是温和的社会改革也只能在街头斗争和工作场所群众运动的压力下才能实现。而实现真正的革命社会主义，包括没收和解放生产资料中的私有财产，不能通过修改美国宪法来实现。必须通过全世界范围内的群众运动，运用各种战术和策略来打败资本主义统治。

考虑到这一点，我们将发起一系列政治动员，反对特朗普政府的种族主义行径和反工人的政策。民主党也支持这些政策，比如美国对全球数亿人民实施的制裁，这暴露了两党的帝国主义性质。

目前，我们正与数百个组织合作，发起一项反对美国制裁的国际运动，名为"制裁就是杀人"（Sanctions Kill）。组织诸如此类的活动使我们能够与那些受到民主党和共和党通过的美国制裁政策直接影响的人联系起来。我们将在国际劳动节动员起来，一致反对帝国主义、种族主义和资本主义制度犯下的所有罪行，在这个受社会主义鼓舞的国际斗争日展示我们的团结立场。

我们将继续动员起来，反对美帝国主义的一切表现形式，作为我们对全世界工人阶级奉献精神的一部分。我们将继续把我们这个阶级中受压迫最严重的群体——被监禁的工人、政治犯、低工资工人、残疾人、无家可归者、因性别歧视、性压迫或民族出身而受压迫的人、移民和难民——组织起来，所有这一切都指向了建设一个广受欢迎的共产党的目标，这个党将在我们的战斗中和我们阶级的日常斗争中发挥坚强领导作用。

最后，我们将利用这次选举来推动真正的民主。虽然这次选举可能被视为对特朗普的社会和经济政策的全民公投，但我们将努力使这次选举成为对资本主义罪行的全民公投。想象一下，这是一场人民并不支持的公投，我们拒绝为他们而劳动，而是为了一个真正的、社会主义的未来而战斗。

哪条社会主义之路：伯尼·桑德斯和新冠肺炎大流行中的投票

特蕾莎·古铁雷斯[*]

2020 年 4 月 16 日

这篇文章是为成千上万支持伯尼·桑德斯的年轻人及社会组织撰写的，他们其中一些人第一次支持桑德斯成为总统候选人。本文也是为那些在争取全民医保斗争中身先士卒的数以千计的护士们，以及所有为这个国家进步事业而奋斗的人撰写的。

2020 年 4 月 8 日，总统候选人、联邦参议员伯尼·桑德斯退出了 2020 年的选举。对于他的支持者来说，这一定是痛苦的一天。对于被认为是像桑德斯一样的民主社会主义活动人士来说，一定会感觉到沮丧。对于面临着一个又一个生存危机的桑德斯的年轻支持者来说，在资产阶级选举的政治舞台上失去希望可能不是一件小事。

在左翼革命派中，则是另一回事

美国共产党人对伯尼·桑德斯参加竞选没有统一的评价。在历史上，一直有共产党人投票支持民主党，但其他左翼人士认为这是对无产阶级的

---

[*] 特蕾莎·古铁雷斯是工人世界党的总统竞选经理、"纽约 5 月 1 日工人和移民权利联盟"的联合协调员。

背叛。

民主党被革命的社会主义者视为老板的政党，像共和党一样是捍卫资本家利益的政党。有时，民主党可能会制定更自由的方案或拥有更多样化的社会基础，但从历史来看，民主党更多的是人民斗争的"缓冲器"，而不是人民利益的捍卫者。

目前的危险在于，民主党人比种族主义者、反动分子和超富裕的共和党人更接近人民大众。

例如，1992年，当罗德尼·金被警察毒打导致洛杉矶发生正义反抗时，站出来同情金的是民主党领导人及其盟友，但民主党批评了这次抗争。而当左翼对没收货物欢呼，并认为这是获得合法赔偿和支持反抗的正义行为时，民主党人却称其为"掠夺"和"骚乱"。

并不是每个左翼人士都同意，投票给民主党人是"两害相权取其轻"。邪恶力量仍然是邪恶的，即使它看起来像是喜欢你并向你微笑。有充分的证据表明，尽管民主党和共和党存在一些分歧，但他们都会团结起来捍卫资本主义制度，而不是捍卫工人阶级和被压迫的人。

无数次的帝国主义战争已经证明了两党对资产阶级的忠诚。你只要去问一问伊拉克人，由民主党而不是共和党人来进行统治，会有什么区别吗？

资本主义进入死胡同：民主社会主义者的崛起

2016年和2020年，桑德斯以民主社会主义者的身份参选，不仅提高了关注度和知名度，而且他的演讲实际上还获得了更多的播出时间，尽管没有 2016 年特朗普得到的多，当时美国有线电视新闻网报道了特朗普一场又一场的集会。

桑德斯的人气在不动用企业资金的情况下获得了增长势头。考虑到参与竞选一般要花费数百万美元，这是一个了不起的成就。可以理解的是，成千上万的民主社会主义者及其他支持者给予了桑德斯关键性的一票。

为什么桑德斯能够崛起？相比于其他任何原因，促使他崛起的更多的是资本主义物质条件的变化。资本主义爆发经济危机意味着带来了更多的失业和就业不足、负担不起的教育、丧失抵押品赎回权和医疗保险成本飙升等。

随着针对黑人和棕色人的种族主义有增无减，针对移民的战争出现了一个又一个不祥的转折。事实上，种族主义正在不断加剧，而且随着支持特朗普的右翼狂热分子包围白宫，白人至上主义在美国获得了至高无上的地位。

这些客观条件为民主社会主义的流行提供了空间。而且令人兴奋的是，相比于资本主义，社会主义更多地被人们所接受，尤其是对年轻人而言。

那么，为什么最进步的候选人——呼吁全民免费医保、取消学生债务和相信气候变化的候选人——最终会落败？

答案在于民主党本身，也在于华尔街。

4 月 9 日，《今日美国》写道：在桑德斯退出总统竞选之后，股市于周三上涨。许多投资者担心桑德斯被提名，因为按照分析人士的警告，他在医疗保险和经济方面的政策建议可能会影响保险公司和其他公司的利润。

年轻人低下了头，华尔街却欢呼起来。

威斯康星州："将在耻辱中生活的一天"

60岁的布鲁克·索尔特维特说："这不会是一场安全的选举。人们会因此生病的。"他负责管理威斯康星州麦迪逊市4月7日初选时的一个投票站。

威斯康星州一直是许多反动政策的起源地，包括打击工会和所谓的福利改革政策。但它也是2011年一场英勇战斗的现场，当时人们占领了州议会大厦好几天。尽管进步力量为4月7日的选举动员起来，公共卫生官员呼吁因疫情应推迟选举，但坚持右翼路线的州最高法院仍下令选举继续进行。

波特塞德的文章写道："美国最高法院在伤害的基础上增加了侮辱，它推翻了下级法院关于延长缺席投票截止日期的裁决。"

缺席者的选票必须在周二盖上邮戳，或在晚上八点前退回。

4月9日，《威斯康辛州日报》报道："一名邮政工作者发现了'三大桶'的缺席选票。这些选票从未到达选民手中。"

威斯康星州的情况是资产阶级反动右翼（目前通过共和党表现出来）越来越倾向于否定大众最基本权利的又一种表现，对此必须保持警惕：威斯康星州的骗局可能预示着11月的事件。特朗普公开表示他反对邮寄投票，因为这有利于他的对手。

黑人和妇女为投票权进行了激烈的斗争，尤其是黑人为了基本的民主权利而丧生。历史规律表明，能够创造真正变化的是群众性斗争，而不是选举，工人们赢得的每一项基本权利都必须得到捍卫。

随着新冠病毒摧毁社区，特别是有色人群的社区，公民权利正在遭受打击，从新冠病毒大流行中的投票权到堕胎权、受教育权、住房权、工作权——特别是生存权。

现在，桑德斯退出了，他在政府中的地位很高，也领导了一场社会运动，本可以帮助推迟这些攻击。

阶级斗争：选票还是子弹？

1964 年 4 月 12 日，马尔科姆·艾克斯在底特律发表了他最鼓舞人心的演讲：选票还是子弹。他断言，解放不能通过投票箱来赢得，只有通过我们的斗争才能取得胜利。

从那以后发生了很多事，包括马尔科姆被暗杀，但投票箱就像一个八轨盒式磁带播放机一样，没有发生革命性、根本性的变化。

但现在的情况是，反资本主义情绪变得更加主流，民主党机器完全受到了威胁。

民主党的这一派出卖了桑德斯运动。南希·佩洛西、查克·舒默和所有那些安逸、富有的"肥猫"们下定决心来破坏桑德斯的竞选——而桑德斯最终竟然允许了。这就是桑德斯运动的可悲之处。

就在特朗普政府错误处理新冠肺炎疫情危机、损害大众利益的时候，民主党人却推出一个可怜的候选人。乔·拜登在种族主义、性别歧视和帝国主义战争方面的记录是卑鄙的。相对于桑德斯运动所争取的生死攸关的问题，人们更倾向于选择阻力最小的路线——拜登当选。

民主党没有能力也不愿意打这场仗了。

为社会主义而战

那么，采取哪条道路走向社会主义呢？在可能面临比大萧条更严重的经济危机背景下，如果人类要生存下去，就必须拼命为社会主义而战。

击败白人至上主义、新冠肺炎疫情及所有反动势力的唯一方法就是牢记马尔科姆·艾克斯的话，并将其置于今天的背景中：人民力量、大规模抵抗、全面罢工、"占领华尔街"运动、在安全的情况下挨家挨户组织起来——这些才是真正的改变。当工人们开展斗争活动，并发展自己的阶级意识时，才能阻止白宫狂热分子和华尔街"肥猫"们的行为。

2016年，一位墨西哥裔美国演员在民主党全国代表大会期间登台表示："我们没有越过边境，是边境越过了我们。"今年，在得克萨斯州圣安东尼奥市举行的桑德斯竞选活动中，一名黑人演员以阿萨塔圣歌结束了他的演讲，这是"黑人的命也是命"运动和其他革命活动中使用的圣歌。虽然感人至深，但让这些在街头上发展起来的口号被与资本主义制度同流合污并完全忠于资本主义制度的政党机器所利用，还是令人感到厌恶。

革命社会主义运动应该拥抱年轻人和其他希望看到"伯尼叔叔"（Tio

Bernie)① 获胜的人。我们应该紧紧抓住他们，我们可以共同创造一个新的未来：真正的社会主义即将到来。

---

① "伯尼叔叔"指桑德斯。——译者注

第三部分

国家与开展革命

组织群众，赢得革命的社会主义

马卡斯·莫特马

2020 年 3 月 12 日

革命性的变革即将来临。随着贪婪的资产阶级继续无情地掠夺劳动人民的劳动价值，社会矛盾逐渐趋向一个爆发点。

尤其是年轻一代正被迫陷入无法忍受的经济不安全感中。有色人种一直是统治阶级压迫的对象，他们在边境和市中心受到执法部门越来越严重的恐吓和残酷对待。那些与包括跨性别暴力在内的性暴力作斗争的人，在法庭上遭到了反对人身自由的反动派的强烈反对。

但所有的压迫都会引发反抗。在过去的十年中，政治动员的激增是之前几代人都没有见过的。工人阶级决定开展斗争。地球生态圈的命运与我们目前阶级斗争的进展息息相关。这个国家和世界上被压迫的人民群众已经明确宣示，如果失败是他们的命运，他们不会选择默默忍受。我们是为生存而战，因此决不退缩。

鉴于当今时代的重要性，马克思列宁主义政党的作用是什么？先锋性政党站出来领导群众同"资本主义主人"作斗争的时刻到了吗？如果不是现在，那是什么时候呢？

对共产党来说，正确判断当前的政治形势及其变化的性质是极其重要的。近十年来，群众的政治觉悟大大提高，这种提高要求在战略上有同样大幅度的调整。

从1991年苏联解体到2011年"占领华尔街"运动，社会主义在各个方面都在衰落中。共产党的扩大和群众的政治组织被西方的反共共识所扼杀。新自由主义精英幸灾乐祸地说我们已经到了"历史的终结"，用马克思主义的术语暗示阶级斗争终于结束了——资本家是赢家。

那些审慎的共产主义和左翼组织明白生存下来的重要性。在这样一个充满敌意的政治环境中，最重要的是保持意识形态的完整性和坚持开展有原则的政治动员传统。在你弱小而你的对手强大的时候，采取进攻策略是会招致灾难性后果的。但是这个规则同时也包含着另一个重要的结论：如果你没有把握住机会，也会种下导致自我毁灭的种子。

过去十年间，社会运动的爆发为我们提供了巨大的机会。统治阶级已经暴露出其弱点，而工人阶级正在不断壮大。战略防御的时代已经接近尾声。工人阶级群众以及那些试图组织他们的人，必须承担起发起进攻的责任。这就是先锋性政党的作用。

国家

资本主义是不可救药的，社会主义是我们唯一的出路的信念正在广泛传播开来。

但是，应该用什么样的方法把资本主义统治阶级赶下台，却引起了激烈的争论。在当前社会意识形态不一致的时期，马克思列宁主义的声音应该在谴责和反对右翼机会主义的斗争中像钟声一样洪亮地响起。

目前这场闹剧般的选举过程就是我们所需要的一切证据，来支撑我们对这个国家的分析。民主社会主义者伯尼·桑德斯试图对我们的医疗保险行业进行适度的改革，这引发了民主党全国委员会全力阻止对他的提名。发布民主党全国委员会游行命令的华尔街出资人要求民主党选出一个更顺从统治阶级的仆人，并团结在这个仆人周围。

社会主义决不能通过资本主义统治阶级资助和控制的政治进程来实现。在这样一个受到严格控制的过程中，想象工人阶级除了彻底失败以外的任何结果，都是在自欺欺人。统治阶级对我们社会的管理，资本家嘲笑地称之为"民主"，不过是使富人专政合法化的一种手段。我们不需要帮助统治阶级为他们的血腥王冠镀金。

我们的精力最好花在别处。走向社会主义的道路在于发动广大人民群众。只有把群众组织起来，才能构建起赢得社会主义革命的政治基础。这一组织的过程需要一个先锋性政党来启动并不断保持其发展势头。

把广大人民群众组织成为一个结构完善的政治机体，是推动每一次社会主义革命取得成功的根本动力所在，这个政治机体的力量不断增强，直到强大到足以挑战资本主义国家秩序的水平。其实这就是列宁对"双重力量"的界定——两个相互竞争的权力结构，其中一个是由资本家控制的，另一个是由获得政治合法性和统治地位的人民群众所推动。这种自身固有的不稳定状态必然导致革命斗争的爆发，以及其中一方取得对另一方的决定性胜利。不致力于参与这一斗争进程就等于没有履行我们作为革命者的义务。

在世界社会主义运动的"收缩时期"（1991—2011年），群众的政治意识无法支撑群众基础的发展壮大。但现在情况已经改变了，我们必须也随之改变。抗议行动——参与政治辩论的政治鼓动活动——现在是而且将来也永远是共产主义斗争的重要组成部分。但这还远远不够。现在群众斗争的土壤已经变得肥沃，我们有义务把我们的"革命之根"扎得更深些。

玻利维亚和布尔什维克

俄国社会主义革命史就是一部政治基础建设史。在十月革命之前，是布尔什维克利用工人委员会在一个以农民为主的国家推动俄国无产阶级走向激进化。在彼得格勒各地的工厂里，工人们组成政治团体，讨论并决定自己的政治和经济命运。他们的工作不仅仅是组织工会。即使没有得到资产阶级政府的批准，工人委员会也依然决定着生与死、战争与和平的问题。它们构成一个自成一体的政府和国家——一个为阶级利益而战的工人国家。

这种模式贯穿了中国、越南、朝鲜、古巴和许多其他国家的革命进程。被压迫群众的政治团体扩大到包括农民、学生和任何其他被资本主义剥削的群体。但被压迫阶级承担责任为被压迫者建立一个国家的核心原则并没有发生改变。

即使在今天，当一场右翼主导的政变席卷玻利维亚时，"争取社会主义运动"的主要原住民支持者们仍然进行着大规模的抵抗。贫困的人民如何能够在种族主义政变政权的残酷暴力下生存呢？最直接的原因是他们建立了群众性的政治组织，由埃沃·莫拉莱斯领导的"争取社会主义运动"已经建立了坚实的政治基础。在玻利维亚的查帕雷地区，每个相邻的社区都被组织成一个工会，工会又构成一个更大网络的一部分，这个网络已经扩大到地区一级。

这些工会计划基础设施的投资项目，协商解决土地纠纷以及制定相关政治战略。当军事政变席卷玻利维亚时，社区工会包围警察局并击溃了警察，让政变的同情者们仓皇逃窜。警察目前还没有回来，工会领导人说，他们可能只有在"跪下请求原谅"的情况下才能回来。

这就是高度组织的群众基础的力量。但这种力量只有通过长期、深入的组织工作才能形成。这种政治基础的建设是困难和费时的，但社会主义革命没有别的道路可走。放弃建立群众基础，就是向统治阶级认输。

构建我们自己的群众基础

在美国建立大规模政治基础的计划是令人生畏的，因为目前美国还没有这样的群众基础。但考虑到未来斗争的需要及当前迅速激化的国内阶级矛盾，开展这种类型的群众运动完全是可能的。如果马克思列宁主义者不深入参与这个过程，那么我们的政治立场就无法展现。我们关于反对帝国主义、支持群众斗争、推动国际团结的独特观点对于打击左翼力量中的"自由派"至关重要。这些"自由派"试图分裂工人阶级或倡导一种社会主义的沙文主义愿景。

为了挑战资产阶级统治，我们必须团结最重要经济部门的工人和最受压迫的工人。我们这样做既是为了威胁资本主义经济的运行，也是为了声援那些往往最激进的工人群体。

资本家急于剥削尽可能多的人，这使我们可以团结大量工人。运输业的工人必须组织起来，这样我们发动的任何总罢工都能起到作用。为了接触更多数的工人，我们必须把医疗保险、教育、零售、餐饮和制造业部门的工人组织起来。为了瞄准经济的最大部门——房地产开发，我们必须把租户们组织起来。为了帮助最受压迫的群体，我们必须把零工工人、移民工人和性工作者们组织起来。

团结工人阶级并非易事。但是，当遇到看似不可逾越的障碍时，革命者总是勇往直前，决不后退。我们的膝盖可能会在我们的斗争的沉重负担下变得弯曲，但是这是一个我们可能无法摆脱的重任。我们必须继续前进。革命的决心会给我们力量，我们对人民的爱会指明我们斗争的方向。组织革命斗争的挑战就摆在我们面前。我们别无选择，只能接受。

只有致力于长期深入的组织工作，才能产生巨大的群众力量。

列宁的《四月提纲》

——纪念列宁诞辰 150 周年

德尔德·格里斯沃尔德

2020 年 4 月 26 日

2020 年 4 月 22 日是 1917 年俄国革命领导人弗拉基米尔·列宁诞辰 150 周年。为了纪念这位伟大的无产阶级领袖和理论家，《工人世界》重印了工人世界党创始成员和《工人世界》编辑德尔德·格里斯沃尔德于 2017 年 4 月 6 日在纽约举行的工人世界党会议上发表的简短讲话。

1917 年俄国发生了两次革命。第一次被称为"二月革命"，第二次被称为"十月革命"，尽管我们的日历把这一天定在了 11 月 7 日。

在 1917 年 2 月到 10 月之间，俄国经历了一个非同寻常的时期，当时广大人民意识到可以从根本上改变自己的生活状况。

二月革命始于国际妇女节纺织女工的大规模示威游行。几周之内，人民推翻了沙皇，迎来了一个民主时期。在接下来的八个月里，数以百万计的人积极参与到塑造国家未来的组织中。它们被称为"苏维埃"，这在俄语中是"人民委员会"的意思。我们可以称之为"人民集会"，即由工人、农民、士兵和水手组成的苏维埃。

苏维埃既是政治辩论的舞台，也是人民通过民主投票表达意愿的地方——并试图使投票结果落到实处。

是什么驱使人们热切渴望改变？

首先是工作场所和土地上存在的可怕的剥削，其次是沙皇政权及其秘密警察的残酷镇压。

但是，除了这些已经持续多年的因素之外，还有一个巨大的新因素：战争。

俄国统治阶级参加第一次世界大战的原因和其他资本主义国家一样：为自己攫取领土和财富。他们希望通过从失败的一方手中夺取资源和土地来结束这场战争。他们的主要敌人是德国，然而其统治者也有着同样的目的。

当然，在战争中牺牲的不是统治者，而是工人和农民，他们死了几百万人。

当时欧洲有一个"共产国际"，该组织由不同国家的政党组成。在战争开始之前，这些社会主义政党曾多次开会，并通过了反对即将到来的战争的决议。

帝国主义性质的"爱国主义"

但是当战争爆发时，几乎所有的社会主义政党都屈服于"爱国主义"的压力。特别是在德国、英国和法国，这些国家的社会主义政党在议会中的代表投票赞成对战争的拨款——也就是说，他们投票赞成政府提出的巨额战争资金，尽管这场战争确实造成了这些社会主义政党的分裂。

接下来的四年造成欧洲有史以来最大规模的屠杀，其中1700万人死亡，2000万人受伤，但都是为了统治阶级的利益。

尽管如此，有一小部分欧洲社会主义者在1914年拒绝支持这场帝国主义内战。其中的领导人物是弗拉基米尔·列宁，俄国社会民主党的领导人，也就是众所周知的布尔什维克。

布尔什维克对战争的反对使许多领导人遭到监禁或流放。但随着战争的持续深入，人民的苦难不断加深，布尔什维克党的原则立场赢得了人民的尊重。

到了1917年，俄国人民尤其是士兵，已经彻底反战了。在二月革命民主制度恢复之后，人们希望俄国能退出这场肆虐欧洲的血腥冲突。但由亚历山大·克伦斯基接管的俄国政府很软弱，他让军队继续参战，从而逐渐变得越来越不受欢迎。

1917年4月初，列宁从瑞士流亡回国。列宁一到俄国，就立即于4月17日在全俄工兵代表苏维埃会议上发表讲话《论无产阶级在这次革命中的任务》（又称《四月提纲》），这个讲话后来被刊登在《真理报》上。

列宁详细说明了布尔什维克应该做的事情。

《四月提纲》

1. 这次战争从俄国方面来说，在李沃夫之流的新政府的条件下，无疑仍然是掠夺性的帝国主义战争，因为这个政府是资本主义性质的；在我们对这次战争的态度上，决不允许对"革命护国主义"作丝毫让步。

拥护"革命护国主义"的广大阶层的群众无疑是真心诚意的，他们认为只是出于不得已才进行战争，而不是为了侵略去进行战争；他们是受了资产阶级的欺骗。因此，我们必须特别细致地、坚持不懈地、耐心地向他们说明他们的错误，说明资本与帝国主义战争的不可分割的联系，反复证明，要缔结真正民主的非强制的和约来结束战争，就非推翻资本不可。

2．俄国当前形势的特点是从革命的第一阶段向革命的第二阶段过渡，第一阶段由于无产阶级的觉悟和组织程度不够，政权落到了资产阶级手中，第二阶段则应当使政权转到无产阶级和贫苦农民手中。

这个过渡的特点是：一方面有最大限度的合法性（目前在世界各交战国中，俄国是最自由的国家），另一方面没有用暴力压迫群众的现象，而且群众对这个资本家政府，对这个和平与社会主义的死敌，抱着不觉悟的轻信态度。

这种特点要求我们，在刚刚觉醒过来参加政治生活的极广大的无产阶级群众中进行党的工作时必须善于适应这种特殊条件。

3．不给临时政府任何支持；指出它的任何诺言，特别是关于放弃兼并的诺言，完全是谎话。要进行揭露，而不是"要求"这个政府即资本家政府不再是帝国主义政府，这种要求是散布幻想，是不能容许的。

4．必须承认这样的事实：在大多数工人代表苏维埃中我们党处于少数地位，比起受资产阶级影响并把这种影响带给无产阶级的一切小资产阶级机会主义分子的联盟，暂时还处于较弱的少数地位。

要向群众说明：工人代表苏维埃是革命政府唯一可能的形式，因此，当这个政府还受资产阶级影响时，我们的任务只能是耐心地、系统地、坚持不懈地、特别要根据群众的实际需要来说明他们的策略的错误。

5. 不要议会制共和国（从工人代表苏维埃回到议会制共和国是倒退了一步），而要从下到上遍及全国的工人、雇农和农民代表苏维埃的共和国。

废除警察、军队和官吏。

一切官吏应由选举产生，并且可以随时撤换，他们的薪金不得超过熟练工人的平均工资。

6. 在土地纲领上，应把重点移到雇农代表苏维埃。没收地主的全部土地。

把国内一切土地收归国有，由当地雇农和农民代表苏维埃支配。单独组织贫苦农民代表苏维埃。把各个大田庄建成示范农场。

7. 立刻把全国所有银行合并成一个全国性的银行，由工人代表苏维埃进行监督。

8. 我们的直接任务并不是"实施"社会主义，而只是立刻过渡到由工人代表苏维埃监督社会的产品生产和分配。

立刻召开党代表大会，修改党纲，包括以上几点。

更改党的名称［注：社会民主党的正式领袖在世界各地都背叛社会主义，投奔资产阶级了（如"护国派"和动摇的"考茨基派"），所以我们不应再叫"社会民主党"，而应改称共产党。］

这是一个真正的革命纲领。

我们今天研究这些内容并不是因为它是一个永远有效的革命计划蓝图。完全不是。

不存在这样的蓝图。马克思主义者要首先认识到，一切事物都处于变化、形成和消亡的过程中。我们必须分析当前的现实情况，并在此基础上制定我们的计划。

列宁自己也不断更新他对必须做的事情的分析。他在4月17日发表讲话震惊了自己党内的许多领导人。

事实上，早在1905年，他与托洛茨基的分歧之一就在于俄国革命进程的各个阶段问题。当时，列宁认为，在工人阶级和贫农能够考虑在社会主义基础上夺取政权和重组社会之前，俄国必须经历一段资本主义的发展时期。

战争改变了一切

但是战争改变了一切。列宁提出《四月提纲》的时候，是沙皇被推翻、资本主义民主政府建立两个月之后——是形式上民主，但仍由资产阶级所主导。在这两个月里，事实已经表明，资产阶级民主主义者没有能力使俄国摆脱战争，没有能力瓦解地主的私有土地，没有能力整顿经济，也没有能力建立一个强大的国家机器来击退君主主义者和贵族们的反革命企图。

所有一切都证明，需要对下一步必须做的事情有新的认识。

自1905年以来，托洛茨基就主张工人必须掌握俄国的政权，才能进行甚至是资本主义性质的民主改革，所以这时他和列宁达成了一致。

但托洛茨基在1917年年初也改变了自己的观点。早些时候，他与列宁在需要什么样的政党来领导革命的问题上存在分歧。列宁认为有必要建立一个纪律严明、以民主集中制为基础的战斗队伍，这一观点得到了托洛茨基的支持。

正是在《四月提纲》的共同基础上，托洛茨基及其集团加入了布尔什维克党，为十月革命夺权做了重要准备。

尤其是在苏维埃不断向左转的情况下，人民群众更加努力地推动革命性的变革，从压迫者手中夺取权力。

有时候，布尔什维克甚至不得不在像彼得格勒这样的关键城市暂时阻止工人的行动，以便使俄国其他地区革命进展较慢的人赶上来，并加入革命行动，他们也这样做了。

通过研究过去，我们可以更好地了解什么是革命，革命是如何发生的，以及最重要的——革命是如何取得成功的。

回到列宁主义：纪念共产国际 100 周年

拉里·霍姆斯

2020 年 4 月 26 日

100 年前的 3 月 2 日，俄国主要领导人列宁在莫斯科组织召开了"第三国际"（后来被称为"共产国际"）的第一次会议。共有 51 名代表参会，他们代表着 22 个国家的 35 个组织。代表出席人数不多，很大程度上是因为帝国主义国家封锁了苏联，使代表们难以到达莫斯科。每一个能够集结军队、军舰和武器支持反革命力量的帝国主义势力都入侵了苏联。

然而，与会代表并不认为他们人数少有什么问题。受第一次帝国主义世界大战给人民大众带来的恐怖和痛苦的刺激，受俄国革命胜利的鼓舞，帝国主义工业发达中心的工人阶级，以及世界上被帝国主义殖民的广大地区的被压迫人民，正在行动起来。当时有一种感觉，世界上更多的革命运动是可能发生的，有些甚至是迫在眉睫的。虽然试图重复布尔什维克在中欧和东欧的成功被证明是不成功的，但他们仍然引起了资本主义统治阶级的高度关注。

工人阶级的"革命浪潮"

当时被一些人称为"革命浪潮"的工人阶级横跨大洋来到美国。

1919年西雅图大罢工比莫斯科会议提前了几个星期。

考虑到"第二国际"组织解散的主要原因——一些工人政党未能在战争问题上与统治阶级决裂——列宁希望邀请那些致力于革命、永远不会重蹈前一个国际组织覆辙的人参加莫斯科会议。共产国际决心"用一切可能的手段,包括武力,为推翻国际资产阶级而斗争",并以建立在社会主义基础上的世界苏维埃联盟取而代之。

尽管战争刚刚结束,但全世界的革命者都能在资本主义危机中看到下一次世界大战的种子。共产国际决心竭尽全力把帝国主义战争变成工人和帝国主义之间的内战,这场战争将以世界社会主义的胜利而结束。

作为一个关系到生存的重大问题,苏联别无选择,只能适应任何特定时期的世界阶级斗争形势。然而,列宁明白,俄国革命的命运最终取决于爆发更多的无产阶级革命——本质上是世界革命。因此,共产国际的方向不是把国际主义降格为一种具有象征性的团结行动,而是尽早地协调全世界的实际斗争,争取共产主义战胜资本主义。

列宁认为,工人阶级政党的分析和目标不能仅仅基于自己国家的具体情况,而应该建立在对世界资本主义危机和全球阶级斗争状况的准确分析之上。虽然任何国家的阶级斗争在一定程度上都独立于世界其他地区,有其自身的特点,但同样的事实是,不管各国之间存有什么差异,其斗争是相互依存的。如果这种论断在共产国际成立时是正确的,那么从历史发展的角度来看,今天的情况更是如此。

由新技术推动的帝国主义全球化在很大程度上把经济独立的民族国家的概念变成了一种时代错误。帝国主义是不分国界的,工人阶级也不应该区分。

全球阶级斗争

1919年之后的25年里，世界资本主义经济崩溃、大萧条、法西斯主义崛起和第二次世界大战接踵而至。在这一阶段结束时，世界形势和全球阶级斗争的状况发生了许多重大变化。但好的一面是，苏联幸存了下来，而且帮助欧洲大部分地区摆脱了帝国主义的统治。伟大的中国革命的胜利改变了世界格局，有利于世界民族解放运动的发展。

而另一方面，帝国主义中心国家的工人阶级运动在政治和意识形态上愈加孱弱。法西斯主义在欧洲的胜利是工人阶级的惨败。尽管在罗斯福执政时期美国工人阶级曾为争取并从统治阶级那里获得历史性的让步而奋斗，但人们常常忘记，美国统治阶级被迫做出这些让步是为了防止国内也发生俄国式的革命，并巩固大众对这场导致美帝国主义统治资本主义世界长达75年之久的战争的忠诚。

美帝国主义现在正在失去这种支配地位，这是资本主义终极危机以及随之而来的经济和政治动荡不可或缺的一个因素。

1943年，由于名义上与美帝国主义结成短暂的战时联盟，并受到与帝国主义和平共处的错误幻想的影响，苏联领导人解散了共产国际。之后，工人阶级中的一些成员试图建立"第四国际"，但是，该组织没有产生实质的影响力，仅仅具有象征意义。

此时此刻，全世界团结起来保卫委内瑞拉的玻利瓦尔革命，反对美国支持的未遂政变和反革命是至关重要的，现在是时候回忆一下十年前时任委内瑞拉总统乌戈·查韦斯在加拉加斯主办的一次社会主义和共产主义力量的大型会议上提议成立"第五国际"的倡议了。与会代表之间的政治分歧使得该倡议未能通过。查韦斯对于这一点思考的很清楚：一个新的国际组织可以在保护委内瑞拉反对帝国主义方面发挥重要作用。

建立革命运动

在共产国际的鼎盛时期，尽管存在着种种弱点和矛盾，但它在决定全球阶级争取社会主义和共产主义斗争的进程方面有着相当大的影响力。我们要花比现在更多的时间来回顾共产主义运动内部的政治转变和斗争，它们对事情的发展起到了一定作用。

鉴于当时共产主义运动中存在的政治和意识形态斗争，对于其中不同的政治力量或领袖，我们既不能作简单化的解释，也不能只是给他们贴上某种标签。对于任何一代参加过这场斗争的老人来说，只要一提到斯大林或托洛茨基的名字，就会引发他们基于当时存在的深刻分歧的强烈反应。

在我们党[①]内，我们总是尽量客观地评价那个时期，因为只有这样，革命者才能从中吸取教训。我们认为，工人阶级运动自身的弱点仍然是那个时期历史遗产的一部分——这些弱点今天仍然存在——这是理解苏联解体的关键。

苏联解体后，已故工人世界党主席兼主要创始人萨姆·马西呼吁共产

---

① 这里指美国工人世界党。——译者注

主义运动中最激进的组织和力量抛开过去的分歧，团结在列宁主义的一些主要原则周围，如坚持革命而不是改革、坚决反对帝国主义、发挥党的先锋队作用，以及在民族问题上坚持革命立场等。萨姆·马西的建议是，尽管回顾历史可能有一定价值，但现在迫切需要做的是重建革命运动。

为了做到这一点，革命者必须面向未来，并且要摆脱过去的一切，因为过去的一切会使他们很难为工人阶级的利益去做必须做的事情。革命者再次强大起来的时刻将会到来，而且越快越好，他们将为组织世界革命的目的而建立新的国际联盟。

列宁的思想与当今世界

在为下一阶段的全球阶级斗争做准备时，利用共产国际的周年纪念日来研究列宁的思想，并考虑如何将它应用于当前的世界形势，是很有帮助的。从历史的角度来看，世界社会主义斗争取得飞跃的时机已经成熟，我们应当回到"第三国际"成立时列宁大胆的、革命的愿景。

为什么要这样？因为这是发挥革命潜力的唯一途径，这可能比我们许多人想象的更有可能实现。

第二次世界大战结束以后，工人阶级运动，特别是西方的工人阶级，包括工会和工人党，改变了自己的方向。当时流行的观点是，资本主义和帝国主义在战争中变得更加强大，因此工人阶级将不得不适应未来超级富豪的继续统治。资本家能够完善他们的制度，并承诺为每个人提供相对稳定的环境和实现社会进步，这是一种最好的幻想。事实上，对于工人阶级的部分人来说，幻想和承诺在一段时间内似乎是真实的。

革命和国际主义的目标似乎过于崇高。而工人阶级运动在思想和方向上往往更加保守、狭隘和局限，并且与资本主义统治阶级密切相联。我们正在讨论的任何一件事都绝不是要诋毁或忽视工人阶级在过去一个世纪的大部分时间里所进行的英勇斗争，但是为了理解我们必须做什么，我们有必要坦率地面对过去的挫折和自身的弱点。

法国2018年以来的"黄背心"运动就是有组织劳工运动存在狭隘性的一个例子。数以百万计的"黄背心"抗议者动摇了法国政府和资产阶级，其中大多数来自工人阶级。从某种程度上看，他们被迫站起来，因为他们觉得法国工人运动不会为他们而战。

面对来自底层以及为了存活下去的压力，全世界有组织的劳工运动正在慢慢地发生改变。然而，变革的步伐必须加快——而且它们的政治方向必须朝着更具战斗性、更具包容性、更反资本主义和更具国际主义的方向发展。改革劳工运动的主动权不会来自上层，而是来自下层。这是教育工作者参与反抗的教训之一。

结束垂死的资本主义制度的最后斗争

全球资本主义经济增长正在放缓。一些人声称，美国经济在某种程度上不受世界经济下行趋势的影响，但现实每天都在戳破这种说法。直到几个月前，资本主义银行家和政治家（尤其是美国）还在否认、忽视或隐瞒这场经济危机的严重程度。现在他们再也不能这么做了。

另一场全球金融市场的崩溃不可避免地笼罩着华尔街和整个金融资本体系。全球经济放缓并非真正意义上的衰退，尽管人们会称之为衰退。传统上看，衰退是一种周期性现象，随后是复苏，然后是经济活动的扩张。目前的情况反映了一场比周期性事件严重得多的危机。正在聚集的经济风暴是一场永久性系统性危机的产物，这场危机是不可逆转的，它预示着资本主义的最终灭亡。

实际上，2008年资本主义金融体系"濒临死亡"的崩溃从未得到真正修复。以美联储为首的各国央行拼命向市场注入数万亿美元的免费资金，实际上让金融体系陷入了危机。特朗普通过大规模减税给美国市场带来了又一次提振。但如今，央行行长们已无力维持金融资本的支持体系。这有多重要？

金融资本早已取代工业成为经济的主要驱动力。这个现实是一个垂死体系的特定属性。当然，资本主义制度也用它行之有效的方法来处理这些危机，比如强制实行低工资和紧缩政策，尽可能多地挤压工人阶级，以支持超级富豪的高利润水平。

与贸易战、英国"脱欧"、金融市场利率波动或为资本提供资金的任何巨大债务泡沫破裂同样重要的是，它们是危机的症状，也是危机爆发的催化剂。这场危机的根本原因是资本主义永久性的生产过剩状态。我们所说的永久性，是指目前生产过剩的规模是资本主义发展史上从未有过的。资本主义在其历史的大部分时间里，在许多方面都与社会格格不入。然而，它从未像现在这样与社会格格不入。

在新技术的推动下，资本主义经济中生产力的惊人增长，实质上使资本主义过度生产以及利润下降等系统中的大量相关问题变得更加严重，也更加不利于资本主义的补救措施。

对于资本家以及世界上的工人和被压迫人民来说，不会再有正常、可预测和稳定的时期了。在资本主义终结并被社会主义取代之前，唯一可以肯定的是，我们大多数人的生活条件将不断恶化，其间还会伴随着越来越剧烈的经济、政治和社会冲击。

除了这些动荡之外，还有更大、更具破坏性的爆发战争的前景，以及地球生态恶化带来的人类生存威胁。拯救地球的时间已经不多了，生存威胁的产生与资本主义脱不开干系。

即使一个病入膏肓的资本主义制度，也会继续蹂躏和威胁我们的生存，它不会完全自行消亡。资本主义将不惜一切代价，在任何基础上重建自己——如果工人阶级和世界上受压迫的人们未能将这个体系埋入坟墓的话。作为运动的组织者，我们别无选择，只能从根本上反思并缩短终结资本主义的时间表。

工人阶级抗争已经开始了！

有证据表明，工人阶级的人数明显增长，在各大洲发生的大罢工次数也显著增加。在美国，一年前在西弗吉尼亚州掀起新一轮激进浪潮的教育工作者仍在西弗吉尼亚州、科罗拉多州、加利福尼亚州和其他地方活动。

工人阶级的日常斗争和社会主义革命的最高纲领是不矛盾的。在这场运动中有一种倾向，即认为争取更高的工资、更好的工作条件和其他基本劳动需求的斗争与为革命做准备的目标是背道而驰的。事实并非如此。

工人阶级的大部分人总是会首先响应对紧迫需求的斗争。与此同时，随着危机的加深，工人阶级中最激进的部分势必会增加，他们不仅准备接受一项革命性的计划，而且还会坚持这一计划。如果我们的运动没有准备好迎合我们阶级中更激进派的期望，我们就会失去对他们的影响力。那将是个悲剧性的错误。

革命者必须为工人阶级制定切实可行的短期战略。但他们也必须拥有更广阔的视野，关注全球阶级斗争和资本主义的制度危机。这并不意味着被迫从沮丧和不耐烦中解放出来，去拥抱那些只会带来失败和困惑的极左幻想。这确实意味着展望未来，而不是被束缚在过去。

一方面，我们不能把自己建立在任何关于工人反抗将迅速发展的预测之上，因为这是不可知的。另一方面，我们不能过分受长期经历挫折和失败的老一辈的经验影响，认为工人阶级在短期内不可能有真正的革命性发展。

支配未来全球阶级斗争发展的条件，在某种程度上与以往所有时期的条件相似，但又完全不同。为什么？因为资本主义的生产力水平是不断变化的。这一事实不断地改变或影响着工人阶级和支配阶级斗争进程的其他一切事物。

一个幽灵正在困扰着资本主义统治阶级

这个幽灵便是全世界年轻人的反抗。资本家士气低落，他们痛苦地发现他们失去了青年的支持。越来越多的年轻人开始反对资本主义。社会主义——无论它对人们意味着什么——从未像现在这样受欢迎。

特朗普曾在一次演讲中说："这个国家永远不会是社会主义国家。"他似乎已经决定，反对社会主义将是他一个重要的连任主题。这还可能暴露出富人普遍存在的一种根深蒂固的恐惧。一场针对超级富豪的全球反抗运动正在进行。这种抵抗是不会消失的，事实上，它才刚刚开始。

年轻工人正在重新定义工人阶级的斗争，他们中的许多人曾经认为，只要接受越来越难以负担的高等教育，资本主义社会就会为他们提供舒适的生活。现在年轻人发现，在资本主义制度即将消亡的时代，高等教育无法保护他们免受日益不稳定的工作和生活条件的影响。他们学到的教训并不是富人希望他们学到的：他们正在学会憎恨资本主义。

诚然，有些青年把幼稚、狭隘的资产阶级激进思想带进了我们的斗争。这些思想同坚持马克思主义指导、开展阶级斗争和强调工人阶级的作用是相抵触的。随着越来越多的年轻人加入我们党，我们遇到了这些思想，因此不得不与它们进行斗争，但我们不去苛责那些有错误思想的年轻人。

我们将此视为由工人阶级运动弱点带来的完全可预见和可逆转的结果。我们可以向年轻人讲授这一点。但除非有一个工人阶级运动能够证明，它独立于资本主义政治制度及其政党，并且能够包容所有被压迫者，否则其他阶级力量的思想和领导将在一定程度上影响那些因制度危机而变得激进化的人。

我们不应该害怕年轻激进分子的想法，而应该更加努力地争取他们的支持。这样做要求我们承认这样一个现实：长期以来工人阶级运动的政治堕落是导致这个问题的其中一个因素。很多时候，在年轻人看来，我们的运动似乎害怕改变，或者只是停留在过去，或者是更封闭而不是开放的，而且是保守的、宗派主义的、愤世嫉俗的、说教式的和无效的。毫不奇怪，有些人可能会得出这样的结论：任何想法都优于那些看起来如此没有吸引力的理念。我们的运动越革命，我们就越能赢得青年人和广大工人阶级的信任。

回归真正的列宁主义

回归真正的列宁主义有助于赢得最受压迫的工人阶级的信心。当列宁在1920年向共产国际第二次大会提出关于民族和殖民问题的建议时，他明白，如果这场运动不支持民族解放运动和被压迫者争取自决的斗争，建立一个强大的工人国际的目标就不可能实现。这就是为什么将"全世界工人联合起来"的口号改为"全世界工人和被压迫者联合起来"的原因所在。

列宁在民族问题上的立场并没有背离其阶级取向，相反，在客观上加强了阶级取向。许多参与运动的人仍然不明白这一点。因此，他们在国家问题上的立场已经弱化，有时甚至到了完全忽视国家问题的地步。

此外，我们运动中的一些人错误地把反对性别压迫的斗争看作是对阶级斗争的背离。在我们看来，这反映了一些人对阶级斗争的狭隘、错误理解，以及受父权偏见影响的立场。希望在我们的运动中能够重新评估这些问题，这样我们所有人最终都能与《国际歌》的歌词保持一致：让思想冲破牢笼。

如何对抗法西斯主义的危险？

与其试图在政治上准确地给特朗普贴上标签或者预测他将要做什么，不如将其反复无常的行为、毫不掩饰的种族主义、厌女症和夸夸其谈的煽动言论理解为是美国统治阶级内部恐慌、混乱和政治崩溃的真实反映。特朗普就是在生死危机面前被揭开面具的美国统治阶级。他的行为证明，美国假扮成一个文明国家，或者维护法律，或者试图维持国际联盟，无助于将美帝国主义从其不断衰落的趋势中解救出来。

除此之外，特朗普还例证了在经济稳定——进而政治稳定——正在崩溃之际，美国统治阶级为了保持工人阶级中的部分人的政治忠诚将付出的努力。特朗普对构筑隔离墙的痴迷及其对移民工人发动的战争，除了体现他的种族主义思想外，也是一种绝望的呼吁，即要在世界工人阶级的各个阶层之间"筑墙"，以挫败全球阶级意识的团结。这实际上是对无产阶级国际主义意识的宣战。现在是革命和真正进步的力量宣布——并成为他们大众诉求的一部分——工人斗争是没有国界的时候了。

特朗普现象同时也是一个警告。如果一场无法控制的危机的发展使资本主义统治阶级担心其自身生存，会导致统治阶级的一部分人准备转向寻求法西斯主义或战争手段作为解决办法。历史表明，依靠统治阶级的其他部分——在美国这意味着转向民主党——来"拯救民主"只能混淆工人阶级并解除他们的武装。最好的方法——实际上也是唯一能够对抗法西斯主义危险的真正途径是激发工人阶级激进的、广泛的高涨情绪，以发动阶级斗争，直到开展革命行动。

"野兽之腹"① 中工人阶级的角色是什么？

100年前，世界各地的共产党人都认为，帝国主义中心的工人阶级力量——尤其是美国的工人阶级力量——将以某种方式在决定资本主义命运方面发挥决定性作用。

萨姆·马西在大约70年前，也就是第二次世界大战结束后的早期预言中指出，东方推动中国革命的动力和朝鲜民主主义人民共和国的英勇抵抗将在适当的时候影响到美国。切·格瓦拉的观点是，在帝国主义核心的群众奋起完成任务之前，帝国主义的边缘地区必须爆发一系列革命运动。

自从做出上述预测以来，世界发生了许多难以想象的变化。唯一没有改变的，是人们结束资本主义统治的迫切需要。

我们不会争论先前预测的正确性。相反，我们将以毫不含糊的措辞以及坚定的信心申明，位于这头"野兽"腹中的工人阶级和被压迫人民对世界其他人民来说，负有杀死这头"野兽"的特殊责任。无论我们明天必须做什么，现在开始为最后的决战做准备都不算太早！

---

① 《野兽之腹》是2020年6月在美国上映的一部电影。此处作者以比喻的手法将美国比作一头野兽。——译者注

为什么我们要说让他们都获得自由！

莫妮卡·摩尔黑德

2020 年 4 月 14 日

由黑人、拉丁裔和反种族主义的被监禁白人组成的统一战线提出了 27 项进步要求，他们于 1971 年 9 月发动了具有历史意义的阿提卡监狱叛乱。

这是第八点要求："我们要求给予囚犯加入或组织工会的权利。"第七点的部分内容是："我们要求允许工业进入监狱，雇用囚犯每天工作八小时，并制定符合工人类别的工资标准。"囚犯们还要求监狱提供足够的医疗保障，确保任何工人都享有在监狱内外同样的人权。

许多英勇的囚犯最终被当时的纽约州亿万富翁州长纳尔逊·洛克菲勒的州警所屠杀。但今天，美国地方、州和联邦监狱中的 200 多万囚犯仍然可以提出这些要求。

这些囚犯难道不像其他工人一样，因为他们的劳动而受到过度剥削吗？他们难道不是来自城市或农村的穷人和工人阶级社区的工人吗？这些工人不是因为他们是黑人、棕色人和土著人而受到新冠病毒的严重影响吗？

正如在许多情况下一样，这场流行病有助于使人们看清资本主义制度下监狱的阶级特征，揭露出的是存在了两个多世纪的丑陋的不公正。

资本主义监狱的存在不是用来改造那些被定罪的人，无论他们是否无辜。资本主义监狱的设立不是用来引导人们远离盗窃、抢劫、家庭暴力、毒品或杀人等反社会行为，从而过上更有价值的生活。

资本主义法律和法院的存在是为了用极端残酷的武力惩罚人们，而不是用知识、耐心和同情心来解决造成人们这种行为的根本问题。

一个人的存在状态决定了他的思想意识。如果一个人在贫穷、失业和警察占领的环境中成长，他们几乎没有机会为自己创造更好的生活。

这就是资本主义制度下的生活——这种制度将超级富豪的利润置于满足人民的需求之上。

即使现在没有新冠肺炎疫情，也应该释放所有囚犯。因为如果食物腐烂，没有淋浴，没有卫生设施，没有照明，没有医疗保障，经常被看守殴打，那么没有人可以指望在锁着的小牢房里一天生存 24 小时。

但现在新冠肺炎疫情加剧了监狱的全面危机。不人道的条件，尤其是狭窄的牢房，不可能保持社交距离，监狱已经成为造成感染和死亡的温床。

难怪囚犯们正在通过自己的抗议争取社会听到自己的声音，这导致芝加哥、亚特兰大和其他一些地方的囚犯得到获释。

人们或许会问，一旦这些囚犯被释放，他们会去哪里？放了他们不会太危险吗？他们不是对社会的威胁吗？

被释放的囚犯应该得到与其他数百万受到大流行影响的人一样的对待。他们的健康应该得到照顾。社区团体应由地方和州政府资助，在空置旅馆和废弃住房中为囚犯安排住房。食物应该分发给他们，而不是放在杂货店的货架上腐烂。这些从监狱释放的囚犯应该有资格领取失业救济金！

有些医护人员（其中许多人已被解雇）可以为需要治疗的囚犯提供至关重要的咨询服务，甚至包括一些社会隔离——只不过不是在监狱里。

所有这些，甚至更多都可以通过大规模的组织来实现，即使在资本主义制度下也是如此。有志者事竟成。

如果像特朗普政府中的那些统治阶级罪犯能够获得自由，难道我们不应该为我们的阶级——那些一无所有，甚至连自己的生活都不能自给的工人阶级——把我们人类大家庭中的这些成员从被称为监狱的死亡陷阱中解放出来吗？

这就是为什么我们说：不要再等了。马上放了他们！

组织起来，反对国家[*]

约翰·卡塔利诺托

2017 年

这本书的主要目的是揭示一个发达国家内部的武装叛乱与旨在改变阶级统治社会的社会革命之间的关系。其中心焦点是一小群以社会主义革命为目标的马克思主义者如何在美国越战期间试图建立一种普通陆军士兵的联盟，以打破军队的指挥链。

当时，我们希望美国士兵的联合至少会使美国不可能对越南发动战争。整个越南的独立是我们的希望和梦想。反战士兵的广泛运动确实为实现这一目标作出了贡献，我们的组织在其中发挥的作用远远超过了我们的人数和资源所能体现出来的。

在越南战争期间，美国陆军、海军、空军和海军陆战队的应征士兵中爆发了一场声势浩大的群众运动。这一运动阻碍了华盛顿使用大规模军队入侵和占领其他国家。

我们在这场美国士兵运动中的任务是建立美国军人联盟。这本书一步一步地讲述了这一联盟是如何在 20 世纪 60 年代末 70 年代初动荡的社会背景下发展起来的。

---

[*] 本篇节选自约翰·卡塔利诺托所著《调转枪口指南：兵变、士兵起义和革命》一书导言，阐述了工人世界党在越南战争期间如何挑战美国的国家机器(帝国主义武装力量)，以及这场斗争在帮助击败美帝国主义方面所发挥的作用。

美国军人联盟由低级别的美国陆军组成——没有军官，也没有职业的非委任军官①。像工会一样，美国军人联盟要求更高的工资和更多的福利，也反对非法的战争，比如反对越南战争，反对种族主义，他们向美军的指挥系统发出挑战。虽然美国国防部拒绝承认美国军人联盟的合法性，但它有了一种如鲠在喉的感觉。

美国军人联盟还反对部署美国陆军和国民警卫队来对付美国平民，因为这些军队在20世纪60年代被用来对付非洲裔美国人的叛乱。

反对美国越南战争的运动在年轻人中很强烈，并且也影响到了军队。对黑人解放运动也产生了巨大影响，尤其是对非裔美国士兵。

今天的大多数人都不知道20世纪60年代末有多少年轻的、低级别的美国士兵反对战争。统治阶级庞大的反历史机器已经将那个时期的政治动荡从历史叙事中抹去。

21世纪的美国左翼政治活动家很快认识到，只要他们在运动，他们就会成为这个强大国家的目标。2011年，全副武装的警察将参加"占领华尔街"运动的人群从纽约市广场和全国其他类似的地方驱赶出去。这些年轻人不仅要对抗0.01%的超级富豪，还要对抗他们雇佣的打手。

"黑人的命也是命"运动组织者抗议警察在没有借口和惩罚理由的情况下随意射杀黑人和棕色人。这个强大的国家很少解雇那些枪杀手无寸铁的人的警察，更不用说将他们送上法庭。原住民和他们的盟友聚集在北达科他州保卫他们的领地，对抗达科塔输油管线，随后遭到了州警察、国民警卫队和公司雇佣兵的攻击。

---

① 美军非委任军官（Noncommissioned Officer）属于士兵序列。——译者注

有可能战胜国家权力吗？

这本书并不打算就如何对抗国家来提供指南。然而，书中描述了三次导致武装部队起义的战争，这成为政治或社会革命的第一步。

首先是普法战争，这场战争导致了1871年巴黎公社起义——欧洲国家工人阶级领导的第一次革命。它的教训成为教育革命组织如何摧毁国家的模板。其次是导致了俄国和德国革命运动的第一次世界大战。最后是1974年欧洲小国葡萄牙的军队因应对非洲殖民地的民族解放战争而疲惫不堪，引发了军队起义，推翻了统治长达48年的法西斯主义政权。

第三次起义开辟了长达18个月的民主空间，推动了非洲的安哥拉、莫桑比克、几内亚比绍和佛得角的民族解放。

在这些事件中，武装部队最初是统治阶级手中的武器。但通过与叛乱分子接触或战争，他们的政治意识发生了变化。他们的军纪崩溃，其中部分武装力量加入革命队伍，开启了争夺国家权力的斗争历程。

20世纪，中国、朝鲜、古巴和越南的共产主义革命是以农村游击战士为基础的，大多数战士来自农民并得到农民的支持。这些革命军把民族解放运动和阶级斗争结合起来。他们在战争中击败并粉碎了旧的地主阶级-资产阶级-殖民主义国家的军队，然后用人民的军队取而代之。

在帝国主义的美国、欧洲、日本、加拿大或澳大利亚，任何革命运动无疑都会走上与游击队模式不同的道路。游击队模式依赖于组织农民反对地主，组织人民反对殖民统治。

今天，没有哪个国家拥有像美国武装部队一样强大的军力。五角大楼是一个自封的警察机构，用来保护那些掌控和剥削世界的人的财产与利益。它支持、保卫和增加了人类中极小一部分人的财产和特权：即那些拥有银行、工厂、发电站、矿山、油井和技术的人。这些少数人是超级富豪，他们拥有一切，包括他们的工人从中开采资源的土地和海床。

五角大楼在20世纪60年代和20世纪70年代扮演了同样的中心角色，而当时被全球资本家妖魔化的敌人是共产主义。即使在今天，五角大楼也能给人类造成巨大的破坏，但很少有人会认为有可能通过帮助改变持有武器的人的意识来阻止五角大楼。

任何对世界上已知的最强大军事力量造成大的冲击的现象都值得关注。但那些想要改变社会的人不可避免地会遇到这样一个疑难问题：如何与专制的国家机器作斗争？

自19世纪马克思主义者第一次描述这种国家机器以来，它几乎没有发生任何改变。这种国家机器囊括了警察、法院、监狱和"男性武装团体"（现在也包括女性），一个根深蒂固的政府官僚机构，以及在21世纪拥有庞大常备力量的海军、负责国际警戒的空军和掌握着负责精神控制的大型企业媒体。

这种国家机器强大吗？是的。是无所不能的吗？除非真的没有任何问题。

第四部分

核心是反对种族主义

种族主义、新冠肺炎病毒与黑人

莫妮卡·摩尔黑德

2020 年 4 月 6 日

4月4日是伟大的民权领袖马丁·路德·金博士遇刺52周年纪念日，他为实现社会平等的梦想而牺牲了自己的生命。

1968年，他去田纳西州孟菲斯市支持黑人环卫工人为了尊严、安全的工作条件和生活工资而举行的罢工时，遭到了枪杀。这场重要的斗争集中体现了阶级斗争的两个方面——争取经济权利和政治权利。

马丁·路德·金博士在1952年给妻子科丽塔·斯科特·金的信中写道："我想你已经知道，在我的经济理论中，我更倾向于社会主义，而不是资本主义……［资本主义］起源于一个崇高的动机……但像大多数人类制度一样，资本主义成为其所斗争的东西的牺牲品。所以今天资本主义已经失去了它的用处。"

可以肯定的是，今天看最后一句话与当时写作时具有同样的重要价值，特别是考虑到当前新冠肺炎疫情这一令人震惊的危机对全球工人和被压迫人民所造成的影响。

最穷的人正在受苦

这场全球卫生健康危机已经蔓延至富裕、发达国家和贫穷、发展中国家的许多社会阶层。即使在美国这个世界最强大的帝国主义国家，也进行了一场艰苦的战斗，确保有足够的检测设备、医用口罩、洗手液、呼吸机和其他基本的医疗用品和服务，保证数百万人尽可能健康和安全，以遏制病毒的传播。

在这场危机中，最边缘化和最贫穷的人正遭受不成比例的苦难。

资本主义是一种将利润置于人民需求之上的制度，是当前美国数百万人面临危机的根源，但其中一些人几十年来和几个世纪以来遭受的痛苦比其他人更多，尤其是有色人种。他们既包括那些非洲裔美国人，也包括来自南美和中美洲、加勒比海、非洲、亚洲和中东的移民，他们目前都在遭受美国社会仇外心理高涨的困扰。

在纽约州和纽约市，核酸检测呈阳性的人中有四分之一居住在布朗克斯区。到目前为止，有一半的死亡病例也发生在那里，主要是因为大量的人患有哮喘和糖尿病这样的疾病。

布朗克斯是纽约市最穷的街区，这绝非偶然。在那里，总人口中的35.64%是黑人或非洲裔美国人，48.38%是拉丁人，3.11%是亚洲人或太平洋岛民。这些数字并不包括那些没有身份证件的人。许多家庭被迫住在狭小的空间里，很少或根本得不到公共医疗援助。这是一个面临严重风险的人群，需要进行适当的医疗救助。

流行病中的"流行病"

有一句非洲裔美国人的古老谚语说，"当白人感冒的时候，黑人就会得肺炎"，这种说法可以用一种比喻的方式来加以理解。

对于非洲裔美国人来说，这场流行性的卫生危机让他们认识到自奴隶制结束以来已经存在了两个多世纪的残酷现实：美国的医疗保障体系陈旧不堪，而且充斥着白人至上主义倾向。

甚至在当前的疫情危机暴发之前，非洲裔美国人的死亡率就已经超过了白人。美国疾控中心令人震惊的统计数据表明了这一现实：54%的黑人男性患有高血压，而黑人的心脏病发作死亡率是所有人群中最高的。

在美国最贫穷的地区——黑人最集中的地区——佛罗里达州、佐治亚州、路易斯安那州、密西西比州、北卡罗来纳州和得克萨斯州，每年在公共卫生方面的支出人均不到25美元，而纽约州的人均支出为84美元。

根据2015年全国医学协会科学大会的数据，黑人患糖尿病的风险比白人高77%。根据国家卫生统计中心数据，2018年，黑人女性分娩死亡率是白人女性的2.5倍，当然具体取决于她们所生活的地方。

根据黑人普遍的健康状况，加上他们所在社区（包括城市和农村）缺乏基本卫生保健，目前存在流行病中的"流行病"。新冠肺炎造成的死亡正在成为黑人社区内一场类似种族灭绝的危机。

黑人社区的死亡率是其他社区的2—3倍

密歇根州卫生与公共服务部门2020年4月2日报告，在该州的11 000例确诊病例中，35%是黑人，25%是白人。该州新冠肺炎死亡病例中，40%是黑人，26%是白人，30%情况未知。

但黑人只占该州总人口的12%！仅密歇根州的死亡病例就有四分之一发生在底特律，其中80%是黑人。

在威斯康星州密尔沃基市，黑人的预期寿命比白人短14年，密尔瓦基945例病例中有一半是黑人，27例死亡病例中有81%是黑人。非洲裔美国人占该州总人口的比例是26%。

哈佛大学家庭医生和流行病学家卡马拉·琼斯博士在美国疾控中心工作了13年，负责识别、衡量和解决医疗系统中的种族偏见问题。他表示："新冠肺炎疫情正在暴露出社区投资不足、历史不公正和种族居住隔离所产生的恶劣影响。现在是时候把种族主义归结为所有这些事情的起因了。有色人种贫困和白人富裕的现象不是偶然的……这是因为我们不受重视。"

根据伊利诺伊州公共卫生部门负责人恩戈齐·埃济克博士的说法，在该州报告的新冠肺炎病例中，黑人占30%，是该州14.6%的黑人人口的两倍多。伊利诺伊州州长杰·罗伯特·普利兹克对医疗保健领域的这些数字评论道："坦率地说，几十年，也许是几个世纪都很难弥补这种不平等。"

美国工人世界党的社会主义诉求——"人人享有免费医疗"——为所有工人及其家人面临的巨大生命威胁提供了答案。"黑人的命也是命"运动也应该把这一总体性需求作为斗争的主要焦点,必须发动声援行动,在医疗保障体系中予以落实,帮助揭露和纠正这一可怕的不公正现象。

对民族问题的革命性理解*

莫妮卡·摩尔黑德

2019 年 8 月 14 日

这次讲话不会详细描述种族主义者特朗普对四位进步的有色人种国会女议员所发动的所有攻击。她们是伊尔汉·奥马尔、亚历山大·奥卡西奥-科尔特斯、阿亚娜·普雷斯利和拉希达·特莱布——被称为"小分队"。

但是,这四位国会议员只是象征性地代表着全球的工人阶级,实际上她们是忠诚于美国民主党的。事实上,索马里人、波多黎各人、黑人和巴勒斯坦人才是真正代表着全球数百万被压迫的人民,这一事实不断激励着革命变革运动的开展。

归根结底,这些种族主义的攻击与对全球工人阶级的攻击并不是相互孤立的,包括工人和受压迫的所有国籍和性别立场的人们都受到同样的老板和银行家的超级剥削和压迫。

无论我们反对种族主义的斗争采取何种具体形式,不管是在资产阶级选举政治竞技场,还是在竞技场之外,作为革命的社会主义者,我们都必须准备好随时随地打击种族主义。这是因为解决种族问题及其与阶级斗争的关系具有历史、理论和现实意义。

---

* 这篇文章基于莫妮卡·摩尔黑德于 7 月 25 日在工人世界党会议上的一次演讲,演讲主题是"反对种族主义和争取国家主权"。

美国民族压迫的起源

美帝国的殖民扩张植根于对原住民土地的掠夺，开始于 1492 年克里斯托弗·哥伦布宣称的"发现新大陆"。1830 年，时任美国总统安德鲁·杰克逊颁布臭名昭著的《印第安人迁移法案》，1848 年美国在血腥战争中窃取墨西哥一半以上的领土，都是美国犯下的罪行。此外，还有奴隶制度，据相关估计，有 400 万非洲后裔在遭绑架后被完全占有，他们被迫成为从事耕种和开发被盗土地的无偿劳动力。

这种发展导致了两种对立制度之间的剧烈经济冲突，一种是服务于南方奴隶主利益的奴隶制，另一种是服务于北方资本家利益的资本主义。这场冲突最终导致美国内战的爆发——也是美国黑人解放运动的开始。

而在奴隶解放和内战结束之后，随着持续十年的"激进重建或黑人重建"时期结束，实现黑人与白人之间政治平等的所有希望被撕得粉碎。在许多未能兑现的承诺中，首先一条是向获得自由的黑人提供自给自足的 40 英亩土地和一头骡子，以及赋予他们受教育权和政治代表权。

对政治平等的追求随后被吉姆·克劳法[①]或法律上的种族隔离制度取代，后者由美国最高法院于 1898 年制定。政府通过刑法、私刑、过度用武和大规模监禁加强了种族主义行径，他们不管黑人的社会地位如何或者他们生活在哪里，都将其归类为罪犯和二等公民。

基于这些历史事实和马克思主义意识形态，黑人不仅是一个民族，而

[①] 吉姆·克劳法（Jim Crow laws）泛指 1876 年至 1965 年间美国南部各州及边境各州对有色人种（主要针对非洲裔美国人，但也包含其他族群）实行种族隔离制度的法律。——译者注

且是一个被压迫的民族，被白人至上主义统治的压迫民族所压迫，这源于根植于资本主义经济体系中的统治阶级思想。以反抗民族压迫为基础的反对种族主义的斗争与阶级斗争密不可分，事实上，这一原则是阶级斗争的核心。

民族压迫既是一个理论概念，也是一个实践概念

民族压迫是列宁在《帝国主义是资本主义的最高阶段》中阐述的一个马克思列宁主义概念。列宁解释说，各个民族的人民——无论是非洲人后裔、拉丁美洲人、土著人、阿拉伯人等——连同他们祖国的资源都被最富有的资本主义国家所开发。这使得拥有银行和公司的少数亿万富翁的财富和领地不断扩大。这就是世界被划分为被压迫民族和压迫民族的过程。

作为一名在南方种族隔离时期长大的年轻黑人女性，我在美国黑豹党和1966—1971年阿提卡监狱叛乱时期抗击白人至上主义的斗争中变得激进起来。但是，正是工人世界党主席萨姆·马西坚定不移的理论立场引导我走向革命的马克思主义道路，萨姆·马西认为捍卫被压迫民族的利益是实现阶级团结的核心问题之一。

马西在1983年11月写了一篇题为《民族自决的权利与阶级斗争》的文章。我想大量引用这段话，因为他说得很好。"在工人阶级和被压迫人民面临的所有重大国内政治问题中，没有一个问题的重要性超过民族压迫与阶级斗争的关系问题。事实上，可以说这是美国基本社会问题的核心。它涉及社会存在的每一种形式，没有一个社会问题是不受其影响的。尤其

对马克思主义者来说，这是对他们总体政治纲领的一次严峻考验。同时也是对党的革命信仰的一种检验，尤其是这一点要在日常的实践中体现出来。在民族问题上，可能没有任何其他理论能够经受住来自实践方面如此严峻的考验。"

马西接着说："对于进步人士和工人运动中的许多人来说，民族压迫和阶级冲突之间的关系似乎是要在两种所谓的矛盾现象之间作出选择。对于第一次世界大战前的社会主义者和那个时期（甚至几十年后）的许多马克思主义者来说，选择或优先考虑民族问题，或者正如一些人所说的，'优先考虑反对种族主义的斗争'意味着放弃阶级斗争，向资产阶级民族主义投降。毫无疑问，这种对马克思主义的看法，不仅在原则上是错误的，而且违反了马克思主义关于民族问题的基本理论。这种观点大多是白人甚至是那些认为自己是社会主义者甚至马克思主义拥护者的人所提出的。民族问题的解决很可能取决于工人阶级在反资本主义斗争中的命运和社会主义的未来。"

民族压迫与阶级斗争

马西强调社会主义者要把自己对民族问题的理论认识付诸实践，这是至关重要的，因为不这样做对开展阶级斗争会更加不利。马西选择在1983年写这篇文章，是为了迎接民权运动领袖杰西·杰克逊牧师第一次参加总统竞选所面临的严峻考验。杰西·杰克逊的竞选活动是在挑战民主党领导层，即民主党全国委员会的种族主义做法，尽管该党当时和现在的群众基础中都有许多黑人和棕色人。

对于工人世界党来说，我们认为杰克逊竞选运动的重要意义超出了其民主党的外在组织形式。从本质上说，杰克逊竞选运动是一种催化剂，催促着黑人和其他被压迫民族通过扩大和赢得黑人及其他被剥夺权利阶层的社会权利，完成尚未完成的资产阶级民主革命。

马西在同一篇文章中指出："几个世纪以来，民族问题一直被过多的谎言和欺骗所掩盖。其目的是向人们传达这样一种印象——民族问题并不存在；或者即使存在，也正在被逐步解决；或者至少由于垄断资本主义民主进程的所谓荣耀和优点，民族问题的重要性正在不断减弱。"

在杰克逊竞选活动开始的20年前，黑人解放运动被分成了两个不同的派别：由小马丁·路德·金博士领导的民权运动派，它代表着自由资产阶级群体；以马尔科姆·艾克斯为主要代表的革命的黑人民族主义武装派。

尽管工人世界党与马尔科姆及其所代表的派别有着最密切的政治关系，甚至在他离开"伊斯兰民族运动"①之前，我们从未在我们的宣传或具体的团结斗争中将这两个黑人运动的分支置于相互敌对的位置。

这是因为我们党坚信，要建立起反对共同压迫者的阶级团结。我们党对南方被围困的黑人群众非常敏感，那时他们正处于反对法西斯主义种族隔离制度斗争的最前线。历史和现实的教训表明，每当我们阶级的群众或部分人参与反对种族主义的斗争——就像他们在20世纪60年代或20世纪80年代那样——斗争的形式就成为次要问题，我们必须给予大力支持，

---

① 马尔科姆·艾克斯曾作为支持黑人分离主义的"伊斯兰民族运动"（Nation of Islam）代表而声名鹊起，但他在1964年离开该组织，激怒了该组织的一些追随者。——译者注

同时采取具体可行的团结措施。

"小分队"与反对民族压迫的斗争

我们来把"小分队"的政治活动和杰克逊的竞选活动进行比较。虽然我们都知道民主党和共和党一样是一个大企业、战争主义和种族主义的政党，但总的来说，"小分队"的政治立场倾向于他们所属政党的左派。

这些国会议员坚决捍卫移民的权利，包括呼吁撤销移民和海关执法局，关闭拘留中心，提高巴勒斯坦人民返回家园的权利，支持全民医保，谴责特朗普试图将超过300万甚至更多的人从美国补充营养协助计划①中剔除的做法。

伯尼·桑德斯自称是社会主义者，但他并没有具体提及政府对"小分队"的攻击，也没有为"小分队"进行任何辩护，尽管他总体上公开反对特朗普的种族主义和排外言论。正是这个桑德斯在2016年竞选总统时只是提到了"黑人的命也是命"，因为当时黑人抗议者在他的一次竞选集会上质问了他。

现在迫在眉睫的问题是，在这场正在进行的反种族主义斗争中，尤其是在距离总统选举还有16个月的情况下，下一步该怎么办？

共和党全国代表大会将于2020年8月在夏洛特市举行。7月23日，夏洛特市议会以9∶2的投票结果谴责特朗普的种族主义言论。这一行动类似于7月16日众议院投票谴责特朗普为种族主义者。但这些都是象征

---

① 美国补充营养协助计划(简称"食物券")是美国的一种贫穷救济制度,通过发放食物兑换券让穷人在指定商店免费换得食物。——译者注

性且不具约束力的投票。

夏洛特市议会要取消会议吗？当然不是！这将带来数百万美元的收入。尽管像南希·佩洛西这样的民主党人可能已经指责特朗普的种族主义，但他们不会动员大众与"小分队"团结一致，也不会要求关闭那些可怕的拘留中心。民主党可以很容易地采取这种行动，因为他们拥有包括工会在内的广大群众的资源和支持。

但民主党领导层担心，街头的政治动员会变得更加独立，越来越左倾，并被推向激进化。

我们必须继续为"小分队"或任何其他受到种族主义者攻击的重要人物辩护，不管他们是不是政客。我们还必须继续区分这种辩护与任何支持两大资产阶级政党的行动，后者会为了占领白宫、国会和其他实行阶级统治的资本主义机构而做任何事、说任何话。

我们必须继续组织和团结起来，关闭集中营，取缔大规模监禁，禁止警察过度使用武力，取消一切形式的白人至上主义。这一切都可能导致资本主义彻底"关门"，从而走向社会主义的未来。建立国际团结！建立一个工人的世界！

关于种族主义的谎言在国内外都是一样的 *

马卡斯·莫特马

2019 年 12 月 27 日

美国政府所犯下的种族主义，无论是国内的警察还是中央情报局、美国国务院和在其他国家的美国军队，都是以同样的方式进行。种族主义暴力行为的基础是关于受害者的谎言，而且这些谎言总是遵循相似的模式。

我们不断被告知：1. 美国州暴力机关的主要目标是暴徒；2. 暴徒深受引发犯罪的破碎文化的影响；3. 使用暴力执法对目标社区整体而言是一种净收益的行为。

通往社会主义的道路

在座的每个人都明白。你们中的许多人已经就这个问题写过文章，并详细剖析了美国政府的种种谎言。现在值得讨论的问题是如何将这些信息传达给最广大人民群众。通向社会主义的道路是通过人民群众来实现的。

通向社会主义的道路就是通过组织群众，教育他们深刻认识阶级压迫的政治性质，认清自己的阶级敌人。通过推动集体化和教育广大群众，我们就可以集中力量反对资本主义统治阶级，开展革命斗争。

---

* 这篇评论最初是马卡斯·莫特马在 2019 年 11 月 23 日工人世界党论坛上的发言，题目是《通往社会主义的道路是什么?》。马卡斯·莫特马是"纽约市人民权力大会"的组织者之一。

但这要求我们向人们解释他们所受到的压迫直接与居住在千里之外的人们所面临的压迫密切相关。此外,我们必须解释这种联系超越了道德同情心。住在纽约的人可以很容易理解为什么玻利维亚对土著人处以私刑是错误的。他们不需要马克思主义者来解释道德的基本原理。

但可能还不清楚的是,推翻玻利维亚的民主政府是如何成为新自由主义计划的一部分,该计划为我们的地铁站台带来了500名新警察。此外,在玻利维亚打败帝国主义势力是这里被压迫人民的胜利。我们的工作就是澄清这一点。

我演讲的重点将放在国内外政府镇压政策的相通性上。我发现,以这种方式讨论国际斗争问题,会引起新参加斗争的人更强烈的共鸣。

资本主义就是种族主义

在组织斗争时,与人们进行沟通的最重要的一件事情是阐明种族主义是由统治阶级的物质利益所驱动的。自由主义者们极其有效地宣传了种族主义是由个人仇恨所驱动的。在自由主义模式下,为了判断某人是否是种族主义者,我们需要做一个心脏检查。

也就是说,我们需要弄清某人"内心"是否真的是种族主义者。这种错误的范式导致了许多混乱和无效的讨论,人们最终争论是否全部的警察都是种族主义者,或者是否有些警察仍是可以挽救的。

重新将讨论重点放在物质层面上是很重要的。具体来说,种族主义就是为了榨取财富。美国警察的存在是为了保护统治阶级,并从工人阶级特别是黑人和有色人社区身上榨取财富。目前曼哈顿交通管理局的斗争就是一个明显的例子。

华尔街迫切希望继续从曼哈顿交通管理局的票价中收取还本付息。然而，由于基础设施破败和贫困的加剧，工人阶级越来越不可能容忍公共交通费用。

华尔街能够继续从工人阶级那里榨取财富的唯一途径，就是在地铁站台上注入大量警察，他们使用暴力迫使黑人和有色人种为一项几乎不起作用的服务付费。

这一过程在其他国家也在重复。随着环境危机的持续恶化，对非化石燃料的需求越来越大。这些替代能源依赖于电池储能，而可充电电池的主要成分之一是锂。

玻利维亚人民有幸（也不幸）生活在世界最大锂储备国之一的土地上。时任总统莫拉莱斯明白，玻利维亚实行锂资源国家所有可以不断提高国民的生活水平，同时帮助世界其他地区转向依靠绿色能源。

但这样的制度安排将使欧美公司无法从锂矿的开采中获利，因此，在欧美国家公司看来，这种安排是不能容忍的。美国的经济外交政策要求美欧公司不受任何限制地获取全球南方国家的资源及由此产生的利润。

为了攫取这些利润和财富，新出现的情形似乎是，在玻利维亚由美国支持的右翼军队、警察和民兵迫使莫拉莱斯总统下台，为组建一个基督法西斯（福音派）的政府腾出空间，从而确保欧美对玻利维亚经济的控制权。

这些政变势力将反土著种族主义作为其运动的集结标准。在玻利维亚的拉巴斯,就像在纽约一样,种族主义服务于资产阶级榨取财富的目标。

谎言和刑事定罪:暴徒、独裁者和暴徒独裁者

美国并不想表现出邪恶帝国的形象。尽管美国犯下了巨大的反人类罪,但其仍声称自己是世界上最主要的道德力量。因此,美国国内谋杀手无寸铁的黑人,或者推翻外国政府,需要在某种程度上被证明是道德的行为。他们运用的主要方式是不断撒谎和诽谤遭美国侵略的受害者。

当你说"他不是天使"这句话时,黑人和棕色人马上就明白你在说什么。他们理解"暴徒"一词的种族主义性质。他们知道这是警察在强化黑人易犯罪的刻板印象。

他们知道在一个手无寸铁的有色人种被警察杀害后,警察们会不断搜索被害人的个人信息记录,目的是找到违规的行为来抹黑被害人的个人品格——无论他的违规行为是如何次要及如何毫无关联。

这种人格暗杀是在人身暗杀之后实施的,目的是从道德上为国家的暴力行为正名,并让实施国家暴力行为的白人感到自在。被压迫的民族明白这一点。因此,分析美国在其他国家也实施同样的暴力和诽谤模式是很重要的。

那些把资源主要用于造福本国人民而不是造福美国公司的国家不是通过"民主选举"产生总统和总理人选,至少美国媒体是这么说的。美国国务院及其媒体宣传部门永远只会把这些领导人称为独裁者,不管他们得到多少选票。在美国政府看来,这些独裁者不是政府或行政机构的首脑,

他们是"政权"而且通常是"残暴的政权"的领导人。

黑人和有色人群知道,"暴徒"和"帮派成员"这些词是种族主义代码,表明被描述的人是低等和暴力的。作为革命组织者,我们需要把"独裁者"和"政权"这样的术语联系起来,因为它们总是以完全相同的方式使用。两者的相似之处如此之近,以至于我们经常听到它们相互交叉,有些领导人被称为"凶残的独裁者"。

另一种"狗哨"①用语是"腐败"这个词,外国政府尤其是非洲和拉丁美洲的政府,据说是"深受腐败之苦"。"瘟疫"这个词的使用则意味着一种折磨,成为他们无法控制的人的一部分。

他们真正要说的是,黑人和拉丁美洲人没有能力担负起责任,而是一有机会就去偷窃。而在很多时候,腐败指控完全是捏造的。正是这种种族主义意识形态认为,美国的黑人和棕色人是因为"文化的原因"而遭受贫困、犯罪和缺乏教育。

但是,不管是在国内还是国外,黑人和棕色人不是因为文化原因而去偷窃。在北美或南美地区,他们并不是因为文化原因而陷入贫穷。美国及国外的黑人和棕色人是被偷盗的一方,他们是因为美国统治阶级和政府的盗窃行为而变得贫穷。

也许主要的道德诉求是唤起对目标群体中无辜旁观者的同情。在反毒品战争的高潮时期,对大部分黑人男性使用的令人难以置信的暴力被认为是一种保护更大的黑人社区的手段。美国政府通过巧妙的语言,将遭受警察暴力的受害者巧妙地从人口中剥离出去。

---

① "狗哨政治"(Dog-Whistle Politics),指的是政客们以某种方式说一些取悦特定群体的话,以掩盖容易引起争议的信息。——译者注

警方告诉我们,毒贩"毒害了他们自己的社区"。他们的想法是,目标个人不是受到警察暴力伤害的社区成员,而是异常的掠夺者,他们正在伤害其他无辜的人,我们应该同情这些无辜的人。

这就是警察对黑人的暴力行为如何被包装成对整个黑人社区的仁慈行为。

我们必须解释一下,他们关于"暴徒和毒贩毒害自己的社区"的说法来自同一个模板的其他短语,比如"独裁者毒死自己的人民"。这其实是完全一样的概念。

美国通过假装同情某个目标国家的无辜平民来掩盖其种族主义立场,他们假装该国的政治领导人是一个独特和独立的因素,正在伤害该国的人民。但是,当他们谈论毒害社区时,他们绝不会谈论"弗林特铅水危机"① 或伊拉克的贫铀弹污染②。

我们反对他们

我们开展社会主义革命,必须向人民群众解释清楚谁是我们的阶级敌人,谁是我们的盟友。我们必须把工人阶级组织成能够掌控生产资料的群

---

① "弗林特铅水危机"是指 2014—2016 年美国密歇根州弗林特市的水污染事件。根据相关报告,在长达两年的时间里,小城的市民在不知情的情况下,喝下了铅含量严重超标的自来水,导致数万青少年的身体健康遭受了难以恢复的严重影响。——译者注

② 据报道,两次伊拉克战争产生大量的铀化合物遗存,给伊拉克人带来严重伤害。在伊拉克大部分地区,先天缺陷、癌症和其他疾病患病率都呈激增态势。联合国估计,在过去的 30 年里,美国在伊拉克至少使用了 2320 吨贫铀弹药,这对美国军队和伊拉克平民都有影响。根据伊拉克政府的统计,其癌症发病率从 1991 年的每 10 万人 40 例上升到 1995 年的每 10 万人 800 例,2005 年达到了每 10 万人 1600 例。——译者注

众政治组织。今天，工人阶级的阶级意识比过去几十年都要高，但是我们仍然有大量的思想政治教育工作需要完成。

如果工人们不明白玻利维亚人民是国际工人阶级的一部分，我们就不能有效地组织他们。如果他们不明白南布朗克斯的人民和拉巴斯的人民在根本利益上是完全一致的，纽约警察局和中央情报局是同一枚硬币的两面，他们就不会与统治阶级进行斗争。

帮助工人们了解这些问题之间的联系，不仅对于加强团结，而且对于培养斗争中的清醒认识也至关重要。这有助于防止在未来的斗争中出现一些不必要的矛盾，比如美国公民和非法移民之间的矛盾。

这使工人阶级免受非政府组织、民主党和社会民主主义者的拉拢和控制，因为这些力量完全没有能力对抗美帝国主义。

社会主义道路是通过鼓动、教育和组织群众来实现的。其中一个重要部分就是解释美国的种族主义是不分国界的。

第四部分　核心是反对种族主义

难民的人道主义危机*

特蕾莎·古铁雷斯

2016 年 7 月 5 日

最近在欧洲举行的英国"脱欧"公投与移民难民问题密切相关。特朗普在美国发起的带有煽动性的种族主义和英国"脱欧"就是在反移民的背景下进行的。随着资本主义走入死胡同,为了转移人们对经济危机的注意力,寻找种族主义替罪羊成了资本家的首要任务。

这是可耻的,值得全世界工人阶级立即作出回应。为什么?因为其中被迫移民的工人比例是前所未有的。

这是一场巨大的人道主义危机,是一场种族灭绝,是美英帝国主义的血腥之手制造的危机。这不仅是移民者的问题,也是难民和工人面临的问题,都应当得到相应的解决。

这种大规模的人口流离失所——主要从中东、非洲和亚洲被迫迁移到欧洲和其他地区,导致了第二次世界大战以来最大规模的"人类乱象"。这是一个令人震惊的事实。

这相当于爆发了第三次世界大战。英国的工人阶级和进步运动无法阻止这场战争是一回事,被卷入右翼意识形态是另一回事。

这对工人阶级运动来说是个不祥的预兆,不仅在欧洲,在美国也是如

---

* 本文基于特雷莎·古铁雷斯 6 月 30 日的一次谈话。

此。"脱欧"和"筑墙"是同一枚硬币的两面：用移民问题分化和征服跨国工人阶级。

战争、制裁和紧缩政策导致了难民危机

我们的敌人利用强制移民来应对席卷欧洲的紧缩措施所带来的消极影响，这是多么令人反感。

正是伦敦、底特律、喀土穆、墨西哥城或达卡解雇工人的那些人驱使着工人们离开自己的祖国。

正是美国、英国和北约在叙利亚、利比亚、伊拉克、尼日利亚、阿富汗等国的帝国主义政权更迭战争迫使工人从一开始就选择了离开。

这些战争包括造成饥饿的制裁措施和有计划地破坏地区稳定。

看看利比亚的例子吧。利比亚曾经是一个资源丰富的国家，是非洲地区生活水平最高的国家，现在西方国家积极争夺的石油资源曾归利比亚国有。

然而，经过持续数月的轰炸及2011年卡扎菲被杀，利比亚陷入了崩溃。帝国主义一举摧毁了这个国家的整个基础设施。

如今，欧洲精英在创造了迫使这些人离开的条件之后，又背弃了他们轰炸过的那些人。

我们都看过资本主义媒体刊登的痛苦的照片：潮水般涌向大海的移民、溺死的儿童、翻船落水的人，他们的家人永远不会知道他们身上发生了什么。

事实上，照片中的绝大多数人根本不是移民。他们是难民，应该被赋予难民的权利，包括根据联合国的规定所享有的安全庇护的权利。

在拍摄这些照片时，西方媒体很少会承认造成这种悲惨迁徙的原因。

几个月前，世界目睹了这场大规模混乱的恐怖场景。而当联合国粮食计划署耗尽其资金并削减对生活在约旦、土耳其和伊拉克难民营的数十万难民的援助时，难民的悲惨处境进一步恶化。

联合国粮食计划署需要 2.36 亿美元才能将该项目维持到 2015 年 11 月。然而，美国在叙利亚和阿富汗战争上的花费远远超过这个数字。根据有关网站（National Priorities Project）的数据，自 2001 年以来，美国纳税人每小时为战争支付的费用高达 836 万美元！

这就是今天叙利亚因战争而流离失所的人数最多的原因。

由于五角大楼和北约将民用基础设施、灌溉、医院、学校、水净化和当地工业作为攻击目标，叙利亚被迫撤离的人数达到了创纪录的水平。

美国和北约自 2010 年以来一直对叙利亚实施制裁，接着是武装打击叙利亚和资助雇佣军。这场战争已经摧毁了一个曾经繁荣的国家，那里的人民曾享有现代化的基础设施、免费且高质量的医疗保障和教育。

而现在，叙利亚 2300 万人口中的近一半已经流离失所。

此外，在经历了国际货币基金组织的几十年的结构性政策调整后，西非人民被迫离开。就连国际货币基金组织自己也承认，该组织的计划"存在缺陷，加剧了不平等，没有带来经济增长"。当然，所有这些都是彻头彻尾的委婉说法。

被隐瞒的战争伤亡

被迫大规模移民的危机带来了许多受害者。有关文章介绍，数万名移民儿童在欧洲"失踪"，据称成了犯罪团伙的受害者，这是一场无法言说的悲剧。而这只是一个让人感到可悲的保守估计。

《政客》杂志的文章称："欧洲边境关闭，加上缺乏有效的策略来应对一波又一波的难民，常常让无人陪伴的未成年人穿越到欧洲，无处可去。这使他们很容易成为走私者和人贩子的猎物。"父母会担心自己的孩子卷入欧洲性交易，这种无法形容的痛苦可想而知。

7月1日，国际移民联盟发布了世界教会理事会2016年6月28日的声明。由于世界范围内关于被迫移民的资料来源不尽相同，而且有时会相互矛盾，因此世界教会理事会的声明是非常重要的。

声明指出："世界正处于被迫流离失所的历史性危机之中，人们被迫离开家园、社区和国家，以逃避冲突、迫害、镇压、自然和人为灾害、生态退化或其他危及他们生命、自由或生计的情况。

"2015年，流离失所的人口超过了6500万人——或者说地球上每113人中就有1人流离失所，这打破了以前的所有纪录。中东地区的冲突和不安全，特别是叙利亚和非洲部分地区持续的悲惨战争是导致大批难民外逃的主要原因。

"2015年，超过100万的难民和移民穿越地中海来到欧洲，超过3770人在这次危险的穿越中丧生，今年到目前为止也已经有超过2850人丧生。

"联合国难民事务高级专员表示，在中美洲，来自洪都拉斯、危地马拉和萨尔瓦多的寻求庇护者人数从 2012 年的 20 900 人增加到 2015 年的 109 800 人。

"这些危机表明，在当今世界，不可能将自己的安全和舒适与如此众多寻求庇护的人所经历的苦难隔离开来。对受害者的困境视而不见是不可接受的，现在也不再可行。

"然而，在很多时候，苦难人民寻求的避风港国家的政府和社会的反应却是恐惧、拒绝与排斥。很多时候，政客们还试图激起本国民众对此问题的关注，放大对其自身政治利益受损的恐惧。

"目前，我们长期坚持的国际人道主义基本原则和法律受到了质疑和破坏，包括庇护权——这是一项基本权利，即所有人都有权寻求国际保护，而不考虑需要保护以外的任何标准。

"这一原则庄严载入 1948 年《世界人权宣言》。《难民公约》是国际社会对第二次世界大战后的难民——主要是欧洲难民——所受苦难的集体反应。在当前全球危机的背景下，落实这些既定的原则和义务应当像应对第二次世界大战后欧洲难民危机时一样必要和必须。"

如何回应英国"脱欧"与特朗普？

鉴于这场全球人道主义危机，工人阶级应该做些什么，革命运动应该如何回应？

这里有个建议。就是建立一个全球性的团结运动，我们要求：

美国、北约撤出叙利亚、利比亚、阿富汗和其他任何国家和地区！

对非洲进行赔偿！

停止美国在中美洲和墨西哥的死亡基金！美国退出拉丁美洲！取消波多黎各的债务！

要求所有因战争、气候变化或经济暴力而流离失所的人获得难民地位！

构筑团结，而不是围墙！

让 12 月 18 日成为"世界移民日"，6 月 20 日成为"世界难民日"，使这两天成为全球阶级团结日！

第五部分

工人阶级创造历史

马克思对工人阶级的看法包括一切斗争

拉里·霍姆斯

2018年6月8日

可以说，社会主义从未像现在这样受欢迎。我不是说这不值得商榷，但有些人就是这么想的。资本主义从未如此不受欢迎。这对于我们所有梦想并为社会主义革命而奋斗的人来说是个好消息。

但是，为了实现这一愿望，我们必须正视一些思想问题。这些问题不能归咎于这个或那个领导人或政党，甚至不能归咎于这个或那个事件。它们可没那么简单。

马克思不是要求改革，而是要求革命。他认为，资本主义是无法改革的，资本主义不仅具有内在的压迫性，基于对劳动力的剥削，使工人甚至更多的受压迫者变得更加贫穷，而且资本主义制度本身也具有不稳定性。虽然可能会经历一段看似稳定的时期，尤其是在普通工人看来，但这个时期迟早会结束，不稳定时期肯定会卷土重来。

到底发生了什么呢？我认为，我们应该更清晰地看待革命的马克思主义在过去四分之三个世纪的发展历史，不仅要看美国，而且要看世界其他地方。它遇到了问题，遭遇了一些尚没有成功克服的障碍或阻碍。但这种状态只是暂时的。在数百万革命者的帮助下，我们终将克服这些障碍。

美帝国主义在第二次帝国主义世界大战中取胜，并获得世界主导地位之后，掌控着各种各样的全球网络、国际机构、项目和思维方式，但现在随着资本主义危机的爆发，这些正在饱受人民的质疑与批评。总体上看，工人阶级运动对形势进行了重新评判。

工人阶级运动的总体想法是，美帝国主义现在依然占主导地位，资本主义可能会无限期地存在下去。也许我们面对的是一个看起来很稳定的系统，所以我们为之奋斗的东西会受到影响。

但并不是所有人来一起决定这件事情。事情比那更抽象、更复杂。但这是事实，除了一些个别例外。

当时的情况是，革命的斗争减弱了，改革本身成了目的。从革命的观点来看，改革不过是革命斗争的战略。我们不反对改革，只要能解决最迫切的需求——我们都支持改革。但这却成了主流。

最后，正如我们可以告诉任何人的那样，事情变得很清楚了，资本主义陷入了更深的危机。全球化、科技、紧缩——有人称之为新自由主义。但这其实只是资本主义不稳定的暴力阶段的另一种说法，随之而来的是各种攻击手段：解散工会，更多的种族主义、性别歧视与压迫。

第五部分 工人阶级创造历史

当这种情况发生时，由于大部分工人阶级的倾向，包括那些自认为是社会主义和共产主义的力量，他们不知道该怎么办。他们的工作和观点在很大程度上基于资本主义的稳定性。但是突然之间他们就没有了。

我们必须多谈谈这个，但不能只是谈论它，就好像我们在和某人争论一样。我们必须做点什么来改变这种观点。

我们的斗争——这是我们长期以来的斗争——就是试图重新设定工人阶级运动。无论需要多长时间，无论需要做什么来实现这一目标，我们都要作为革命者而努力工作，来重新设定主要目标。

为了迫在眉睫的需求而战是伟大的。所有已经发生的伟大斗争都无法从革命者身上夺走任何东西。他们一直很勇敢。我们必须让革命重新回来，因为这是必要的。

但是，我们的计划不能仅仅局限于当前的经济需求，而必须更具革命性，必须满足我们的政治需求，比如停止帝国主义战争，支持被压迫群众和"黑人的命也是命"运动。这是工人阶级的任务，不是什么边缘问题。支持妇女解放运动，支持性少数群体解放运动，支持移民运动，都不是边缘化的斗争，而是工人阶级所面对的中心问题。

在我们的运动中，有一些人说这些问题是在转移注意力，说这些都不是工人阶级的问题。更糟糕的是，甚至有人说它们是由于特朗普当选的原因。我们必须与这些观点展开辩论。我们不能容忍这种想法，因为它是完全错误的，是分化人心的。这些问题都属于工人阶级的斗争问题。

谁是工人阶级？

马克思关于工人阶级的观点是让每个人都参与进来，参与解决所有问题和开展所有斗争。绝不会把任何人推到一边不管：说这个很重要，那个不重要。这不是革命的观点，也不是马克思主义的观点。

马克思的观点是，工人阶级会变得更强大，而不是更弱小。不仅仅是因为大批被压迫的人加入了这个组织。你不能说马克思主义是以欧洲为中心的，如果你看看人口统计数据的话，今天的工人阶级主要是世界上受压迫的人，不仅分布在亚洲、非洲、拉丁美洲和中东，而且也分布在美国和其他帝国主义中心国家。你觉得为什么这么多种族主义者和资产阶级都抓狂了吗？因为被压迫者们正在取代他们。

资本主义危机迫使其他社会阶层也成为工人阶级的一部分，而不是相反。那些自认为会成为小资产阶级甚至资产阶级的人被迫成为工人阶级。

在我们的日常生活和政治运动中，我们遇到了许多受过教育的年轻人，可能曾经对于自己接受的教育有过一些宏大的理想。但是现在他们已经无法偿还贷款，被迫打零工，接受各种没有保障的不稳定的工作。由于这些工作岗位的不稳定性，年轻人们必须不停地更换工作和住所。而这些人基本上都曾获得过相应的学位，甚至其中一些人还拥有两到三个学位。

这些都是我们的同志，或者至少是我们潜在的同志，很大程度上也是工人阶级的一部分。我们需要把一些事情说清楚。因为每当具有这一特征的年轻人聚集在一起，他们就变得很激进，他们有时会看着对方，然后说:"我们已经成为工人阶级。"

是的,你们需要到工人阶级的其他阶层中去看看,他们受到的压迫可能更深,他们需要你的支持。但你们是工人,不是没人定义过的抽象的中产阶级。所以不要再互相看着对方,想着自己到底是什么。你们知道吗?你们是工人阶级,革命需要你。革命活动需要你们所掌握的知识。对工人阶级来说,你们的加入将是一个很大的助力。

新一代社会主义者即将到来

马卡斯·莫特马

2019 年 3 月 16 日

当这个帝国主义、资本主义国家的领导人上台宣称"美国永远不会成为一个社会主义国家"时，人群中发出了吼声。特朗普在今年 2 月的国情咨文中把自己标榜为美国资本主义的旗手，两党都纷纷效仿。

但是，尽管得到了来自人群雷鸣般的回应，但两党支持资本主义的呼声带有一丝绝望的迹象。为什么特朗普觉得有必要团结国会来反对社会主义的进步？

原因是年轻人越来越厌倦资本主义，这让统治阶级感到害怕。年轻人已经看到了新自由主义资本主义政权造成的危害，因此他们将社会主义作为唯一可行的选择。

今天，年轻人的一生面临着资本主义美好承诺被戏剧性地剥夺和残酷现实的拷打，这是时代给予他们的烙印。与他们的父辈不同，当代的年轻人被告知，没有大学文凭就找不到一份好工作。为了符合这些要求而去读大学，并因此背负五、六位数学生贷款债务的人，却最终在 2008 年后的就业市场中遭受重创。

那些入门级的工作不仅需要学位，而且还需要相关的工作经验。为了获得经验，毕业生们不得不去承担无偿实习的负担，在找到其他谋生手段之前，要把自己的劳动力免费送给实习的公司。由于债务偿还本来就存在不利因素，千禧一代在一个连找工作都找不到的世界里成长起来。

即使那些找到工作的人也无法享受前几代人所拥有的稳定就业和退休计划。相反地，他们的工作，或者至多说他们的生存是极为脆弱的。整个社会推动着他们去"零工经济"中寻找第二份工作。

资本家编造了一个接一个的骗局，要求工人阶级不仅要服从老板，还要服从计算机精度化剥削工人的算法。他们因此没有工作保障，没有退休计划，没有摆脱债务，看起来也没有未来。这一代人明白，唯一的生存手段就是拆除旧体系，用新的体系取而代之。对于今天的年轻人来说，社会主义不是一种时尚的新潮流——它是资本主义贫困大海中的一只救生筏。

唯一合理的选择是制定工人可以掌控的制度，而另一种选择则是经济不稳定的生活。资本家得到过多次"改革"自己的制度的机会，他们最终没有拿出任何东西来。"希望与变革"只不过是一句空话，这一代人明白这一点。他们知道，资本主义将永远无法修正。

资本主义是不可持续的。人们需要把一个以盗窃为基础的制度戏剧性地转变为一个以满足社会需要为基础的制度。资本主义带来了帝国主义、种族主义、父权制和环境破坏。今天的年轻人不想拥有那样的未来。他们已经目睹了资本主义在国内外造成的一切破坏。他们要求实行一种合乎道德的经济政策。

年轻人想要的是一种不以个人支付能力的差异而被区别对待的医疗体系，他们认为住房的权利是一项基本人权。他们越来越走向团结，要求结束少数人榨取多数人财富的局面——这只能通过社会主义道路来实现。

年轻人寻找这一解决办法是正确的。当我们看到资产阶级贪婪和经济剥削带来的痛苦,以及全世界人民奋起反抗的正义怒火,很显然,社会主义对资本主义的最终胜利是不可避免的。压迫的制度不可能永远繁荣。

我们生活在一个彼此联系日益紧密的世界里,阶级意识处于不断上升的态势。人民群众走向团结始终是统治阶级即将失去其权势地位的标志之一。社会主义的道德力量是无法阻挡的,那些把它推到美国政治斗争前沿的群众也是无法阻挡的。工人的罢工只会不断加剧。随着这些工人运动愈加相互交融,并与反种族主义、反父权制度和反帝国主义运动结合在一起,它们将变得无法抑制。统治阶级镇压这些运动的任何企图都只会加速其灭亡。

今天的年轻人从大萧条以来最大的经济灾难的废墟中走出来。他们的经验表明,资本主义不是经济增长的动力,而是导致人类自相残杀和环境灾难的引擎。相反,年轻人渴望建立一个基于公平和经济正义的制度体系。统治阶级害怕年轻人很快就会实现这一目标。

未来十年的革命

马卡斯·莫特马　文森特·塔克塔

2020 年 1 月 11 日

在过去的十年里，工人阶级在经济崩溃、国家暴力、民族压迫和性压迫的冲击下采取行动——在一系列群众动员中崛起，其规模是近两代人以来从未见过的。从"占领华尔街"运动到"黑人的命也是命"运动再到"妇女大游行"，受压迫和苦苦挣扎的工人阶级发泄着自己的愤怒，不断挑战着资本主义的现有秩序。

这些动员在政治发展中是不均衡的，许多都是自发的和无计划的。政府经常使用无节制的暴力手段来进行镇压。但是，导致过去十年动荡的矛盾并没有消失。相反，情况恶化了。这只会导致更大规模的冲突。

如果工人阶级中政治上最先进的阶层能够迎接挑战，将对无产阶级的组织产生巨大的推动力。在今后的十年里，我们可能看到反抗资产阶级的革命性阶级斗争的不断发展。

如果说上一个十年是群众动员的十年，是愤怒的群众觉醒并努力站稳脚跟的十年，那么接下来的十年将是革命的十年。

租金抽取和零工经济

新一代的成年人生活在经济不安全的危险边缘。他们被庞大的学生贷款债务压垮了。在美国的每一个主要城市，房租已经上涨到不可持续的水平，使越来越多的人被迫离开城市。

从2015年到2018年，租金中值上涨了7.6%。消费者价格指数显示，食品、能源、交通和医疗等生活必需成本上涨了14%。

对美国的千禧一代来说，他们的平均净资产不到8000美元，比以往任何一代人都少，而18至35岁成年人的资产则下降了34%。超过一半的千禧一代储蓄不足5000美元。

不断上涨的生活成本造成了难以抹平的经济创伤，就业市场也无法止血。随着计算机精确度的提高，硅谷加快了从工人阶级中抽取剩余价值的速度。

所谓的"零工经济"是对工人权利几乎不加掩饰的攻击。工人被雇佣为私人合同工，而不是全职员工。这使企业主不必支付医疗保险等费用。结果很明显：生产率继续提高，但工资却下降了。经过通胀调整后，千禧一代的工资比婴儿潮一代的工资低了20%。

正如马克思所理解的那样，继续攫取财富会造成民众抵制的反作用力。在越来越大的压力下，工人阶级被迫组织起来以求生存。传统行业（例如西弗吉尼亚州的教师）和新兴科技行业（例如亚马逊和谷歌）再次出现罢工现象，就是很好的证明。从工人阶级身上榨取剩余价值的做法正在不断加剧和而且变得越来越不可持续。随着阶级矛盾的加剧和阶级意识的不断觉醒，阶级斗争不可避免地走向激化。为了保持对整体局面的控制，统治阶级不得不越来越多地依靠国家暴力解决。

国家机器的缓慢衰落

毛泽东称,一切反动派都是"纸老虎","经不起风吹雨打"。我们看看2020年的美国国家机器。现在还有比毛泽东的这种描述更恰当的吗?美国不断地向国家的安全和监视机构投入更多资金,但其警察和军队的真正实力却比以往任何时候都要弱。美国的国家机器依赖于外部的技术优势,而其内部的士气和能力却正在走向衰落。

在奥巴马执政期间,主要的军事创新是无人机作战和特种部队突袭的发展。帝国主义者称之为"轻脚印战略"。

事实上,这是一场暗杀式的战争。这些手段是遥控无人机,在人群上空盘旋,使人们时刻担心下一次"地狱之火"导弹的袭击,以及受过专门训练的武装部队在半夜砸门杀死或绑架不幸的居民。

他们为什么采取这种高科技恐怖主义手段?为什么要放弃常规战争?因为没有其他办法了。美国军方正在努力招募士兵。五角大楼缺乏必要的大量军队来维持对受到攻击和占领的国家人民的控制。

因此,唯一的选择就是通过谋杀任何试图抵抗美帝国主义的政治或军事领导人,使目标国家永远处于混乱状态。这样的策略永远无法击败这些领导人背后更广泛的反帝国主义运动,美国知道这一点。

但是统治阶级已经决定把破坏稳定作为一种掠夺资源的手段。这样做的目的是让抵抗者长期处于失衡状态,以便私人公司能够耗尽目标国家的自然资源(从土地中)和剩余价值(从工人阶级的劳动中)。正如气候危机所表明的那样，统治阶级将在尽可能长的时间内积累尽可能多的财富，直到整个体系崩溃。

现在裂缝已经出现了。被称为美国特种部队的敢死队在非洲和西亚进行的无休止袭击使他们筋疲力尽。即使是用遥控飞机轰炸平民的飞行员也经历着高度的倦怠。

随着军队数量的减少和战场数量的增加，美帝国主义还能指望什么呢？在写这篇文章的时候，美国军队正准备在伊朗坚不可摧的地形和顽强的士兵面前粉身碎骨。似乎没有什么能改变这个国家的自我毁灭倾向。

国内执法部门也好不到哪里去。与五角大楼一样，警察和边境巡逻队的种族主义策略被曝光，加上随之而来的谴责，导致征兵人数下降，士气的暴跌。近年来的许多案件都以"猪"（黑豹党常用这个词来指代杀人的警察）为主角，公开哀叹这一"令人震惊"的转变。

对于任何理性的观察者来说，这是公众在手机和互联网的驱动下记录和传播美国执法部门种族主义和阶级压迫实例的新能力所带来的不可避免的后果。

为了镇压未来十年不断增长的大规模群众运动，这些日益衰落的执法力量仍将继续进行越来越多的徒劳挣扎。

无论是在美国国内还是国外，美国军队和警察都是"纸老虎"。当面对公众愤怒的"风"和有组织抵抗的"雨"时，他们会像湿纸浆一样走向枯萎和崩溃。

建造革命性的国家机器

这个国家在政治、经济和军事上都很弱。民众越来越强大了。阶级意识在增强。最近的一项民意调查显示，70%的千禧一代计划投票支持社会主义，36%的人赞成共产主义，22%的人希望废除私有制！这预示着未来几年将发生巨大的变化。

美国以前也经历过革命高潮。但是，如果我们错误地将过去的斗争视为是不同的事情，这只能让我们感到忧虑，而不是乐观。实际上，所有的革命运动都是一种前赴后继的斗争。

前几代革命者的行动给美国的统治和文化带来了实质性的变化，这些变化反过来又对后代的斗争产生了实质性的影响。

美国的专制国家机器会对社会运动的周期性上升做出反应，进行持续的自我变革，以应对工人阶级的抗争。帝国主义的核心——资本主义——不会在一夜之间被消灭。简而言之，一把斧头不能一下子砍倒一棵树。

那么，我们今天的任务是什么？只能是一件事：组织起来，争取工人阶级的权力。团结多民族工人阶级，共同反对资产阶级。建立经得起长期革命斗争严酷考验的组织。

近十年来，自发性动员呈现出灿烂的光辉，同时也暴露出缺陷。明亮的火焰如果燃烧得太快，就不能照亮前进的道路。只有在工人阶级中建立长期的政治组织，才能带领我们度过未来十年的挑战。只有密切联系群众，才能建立起真正挑战和战胜统治阶级的双重权力机构。否则，反动势力将占据主导地位。

当前,我们社会面临的矛盾越来越多,其中突发事件、相关方的反应和应对策略都是不可预测的。我们可能没有想象中那么多时间来准备。现在是组织十年革命的时候了!

革命之路*

陈鸾

2020 年 1 月 31 日

莎拉·柯林斯·鲁道夫称自己是亚拉巴马州伯明翰第 16 街浸信会教堂爆炸案中的"第五个小女孩",1963 年的这起爆炸案导致四名黑人女孩丧生——她们是 11 岁的卡罗尔·丹尼斯·麦克奈尔、14 岁的卡罗尔·罗伯逊、辛西娅·韦斯利和艾迪·梅·柯林斯。一张著名的照片拍到莎拉·柯林斯·鲁道夫躺在病床上,双眼蒙着纱布。她的妹妹和其他三人在医院康复期间受到了马丁·路德·金的鼓励。

在爆炸发生后的 56 年里,她从未收到过伯明翰市的任何道歉。政府也没有为她提供任何医疗方法来治疗她的创伤,也许更糟的是,她还在为治疗自己的眼睛而支付医药费——她失去了左眼,右眼里边还带着玻璃的残片。政府未提供任何赔偿,甚至没有承认她当时在爆炸现场并存活了下来。她自称是"历史的携带者",她每天都生活在这一天。而且今天她正在目睹着特朗普以及每一位"三K党"[①]和新纳粹分子成员的卑鄙种族主

---

* 本文系美国工人世界党临时中央委员会委员、执行委员会委员、达勒姆支部主要组织者陈鸾(Loan Tran,越南籍人士)于 5 月 11 日至 12 日在新泽西州纽瓦克召开的民族策略会议上的讲话修改版。——译者注

① "三K党"(Ku Klux Klan,缩写为 K.K.K.),是美国历史上一个奉行白人至上主义的团体,也是美国种族主义的代表性组织。Ku\Klux 二字来源于希腊文 KuKloo,意为集会;Klan 指种族。因三个字头都是 K,故称"三 K 党"。原称是"白人种族集会",又称"白色联盟""无形帝国"。——译者注

义行为，这一行为还得到了本届政府的支持。

1973年，在爆发历史性的石墙起义①的四年后，新奥尔良的一家同性恋酒吧"楼上休息室"发生纵火袭击事件，造成32人死亡。当时，在新奥尔良60万人口中，估计有六万至十万人是同性恋。因为在那个时期公开同性恋是很危险的，会因此而丧命，所以几乎没有家庭成员敢站出来认领尸体。那些幸存下来的人被孤立并保持沉默，他们的恐惧是合理的——如果自己身上烧出的伤疤被认出来，就意味着他们将会失去工作，以及任何形式上的安全。

由于美国的恐同和恐跨性别的历史，许多幸存者后来在里根政府可怕的反同性恋政策下死于艾滋病流行。

1994年，约翰·布里顿医生和诊所陪护詹姆斯·巴雷特在彭萨科拉的一家堕胎诊所外被枪杀。这家诊所在1984年和2012年都被炸过。

美莱村大屠杀发生在1968年，当时有超过300名越南人被试图消灭越共和越南民族解放阵线的美国军队残忍杀害。1982年，在以色列国防军的命令下，长枪党杀害了460—3500名巴勒斯坦人，以清除萨布拉和夏蒂拉的巴勒斯坦解放组织。2004年，伊拉克战争爆发一年后，42名伊拉克平民在一场婚礼上被美军杀害。

萨拉·柯林斯·鲁道夫的故事完美地诠释了我们所说的资本主义正在走向消亡。历史是过去，但也是现在。

我们不必回头去统计我们阶级的死亡人数，因为我们的帝国还在不断

---

① 石墙起义(Stonewall Rebellion)是同性恋维权史上的一个标志性事件，它引发了美国同性恋群体维权的行动，并扩展到世界范围。一个强大的同性恋维权组织"同性恋解放阵线"成立。——译者注

扩张，巴勒斯坦的杀戮仍在继续，美国占领区的抵抗运动仍在风起云涌。就在几周前，路易斯安那州的三所黑人教堂被纵火。现在至少六名弗格森活动人士被发现死亡。2016年的"脉搏"同性恋酒吧枪击案被称为历史上最严重的针对性少数人群的仇恨犯罪，一名枪手在奥兰多一家俱乐部的"拉丁之夜"杀害了49名酷儿，另有53人受伤。

资本主义走进了死胡同

这些屠杀、枪击、爆炸和纵火事件表明，即使是最缺乏政治意识的人也应该会意识到资本主义及其触角——白人至上和父权制——正在走向消亡。资本主义随着自身的消亡会试图带走尽可能多的人。我想到，每一个被杀害的巴勒斯坦儿童，就有自己的姐妹；每一个被谋杀的女同性恋者，都有自己的爱人或家庭成员；每一个被杀害的伊拉克人、委内瑞拉人、叙利亚人和南斯拉夫人，他们都有自己的朋友、老师、父母和邻居。

面对美国国内和海外受压迫的人不断被警察们、老板们、开发商们、性别歧视的立法者们以及像杰夫·贝佐斯一样的亿万富翁罪犯们所杀害的悲痛现实，必须有共产主义者、革命者、站在警戒线外的煽动者，去占领公寓楼或者被围困的大使馆，去保卫土地、水源和空气。

这是关乎人类生存的根本问题，不是理想主义或道德主义意义上的问题，而是社会主义意义上的问题，只有社会主义才有可能把世界的财富重新掌握在亿万人民手中，这些财富是他们用生命和辛勤劳动所换来的。

我们所面临的任务是非常艰巨的。作为只拥有肉体和相互帮助的普通人和革命者，我们无法掌控这么多。或许事情已经走到了尽头，也许我们的努力充其量只是一种临终关怀，也许拯救人类和改变人类历史进程的愿望就像阻止地球绕太阳旋转一样是不可能实现的——但即便如此，我们仍然要去尝试，我们必须非常清醒地去做出自己的努力。

嘲笑民主党及其"天才"，以及他们将我们的阶级吸收到政党选举舞台上的邪恶过程是远远不够的，因为这一舞台上呈现的是，数百万人拥有投票权，而另外数百万人却在死亡。仅仅批评左派在阶级和民族压迫问题上的缺点也是不够的。简单地无视我们这个阶级的不同构成部分——我们中的许多人是受压迫的年轻人，对资本主义深感失望——是不够的，甚至是不正确的，因为我们只顾着说我们是酷儿、女性、跨性别者或者残疾人。

作为没有工作的工人，我们很重要。我们所直接面对的是一个特殊时期的资本主义，这一阶段的资本主义的关键特征是金融资本试图尽一切可能地阻止可能导致资本主义走向毁灭的人类发展趋势。

不幸的是，我们没有得到20世纪60年代革命热情的青睐。但我们在2019年进行了抗争，不管这种抗争到底值不值得。就目前的情况来看，我相信是值得的，因为全球总财富280万亿美元中的一半已经被世界上1%的人攫取。

约350万至500万妇女围绕印度西海岸组成385英里的"人墙"，提出了妇女受压迫问题，这是值得的；全世界成千上万优步和来福车的司机在5月8日举行了罢工，这是值得的；今年3月，全世界100多万名学生走出校园，抗议导致气候变化的政策，这是值得的；在罢工属于非法的北卡罗来纳州，成千上万的教师罢工要求政府为公共教育拨款，这是值得的。

自去年10月以来成千上万的移民涌向帝国的大门，这是值得的；成千上万的麦当劳员工排队抗议工作场所存在的性骚扰，这是值得的；从海地到法国，从巴勒斯坦到委内瑞拉等数百万人走上街头，展示无产阶级民主的真正含义，这是值得的。

去年秋天成千上万的囚犯举行罢工，要求终结新形式的奴隶制，这也是值得的。

为未来作准备

我们准备好为世界的价值、为我们阶级的价值而战了吗？我们必须战斗，必须提出一个革命性的纲领和战略，从而能够推倒阻碍工人斗争的每一道墙，越过每一道街垒，躲避每一个指向我们的枪口。这句话怎么强调都不为过：把原本属于世界人民的财富重新交到世界人民手中。

想象一下，如果每个工人和受压迫的人都走上街头，去银行、去工作场所、去中产阶级公寓质问：我们的钱在哪里？每个工人都有权提出这样的要求。那么，我们准备好接受这可能释放的狂热和愤怒了吗？

当前时期的革命纲领不仅需要对我们阶级所面临的情况进行敏锐的政治分析，还需要在一定程度上与共产主义传统所面临的一些新矛盾和新挑战进行斗争。科技带来的好处与挑战——在这个世界上，人与人之间的联系难以置信的密切，同时我们又受到脸书和推特等社交媒体平台难以置信的监控——不仅可以买卖我们的个人数据，而且也扭曲了我们的真实感，让我们的心灵充斥着暴力和资本主义压迫的画面，更糟糕的是，它们限制和压制了发生在数字世界与现实世界的反抗斗争。

有很多年轻人、新工人和就业不稳定的工人摇摆在革命意识与道德败坏之间。如此明确地知道资本主义的末日即将来临，不免让人感到疲劳。这种疲劳与资本主义制度所孕育的个人主义文化完美地结合在一起——尤其是在帝国的中心。我们该如何提供一种获胜的方法呢？

我们不会对心烦意乱的工人说：不要只担心你自己了！我们会对心烦意乱的工人、士气低落的青年和受压迫的人说：为你们应得的而奋斗吧！不要互相打架！不要孤军奋战！

阶级团结至关重要

我们声明，这一时期的团结不是一种空谈。我们必须成为团结的先行者，无论有多么困难。但我们绝不能把这场危机的紧迫性误认为是鲁莽行事、偷工减料或不与这一时期许多有别于资本主义先前阶段的新情况作斗争的机会。

我们有足够的时间喘口气，重整意识形态，把我们的观点提升到可能的最高水平上，并以可能的最佳方式取得胜利。我们必须把发生在我们阶级身上的事情说出来，必须诚实地履行我们作为革命者所希望和能够发挥的作用。

这场斗争不是由我们开启的，也很可能不会在我们这一代完成。但是，我们准备好承担起责任，给我们的阶级一个真正的、战斗的机会了吗？我们的组织力量遍布各方。我们该如何做到与他们如影随形呢？我们该如何发动斗争和组织他们，使他们成为最好的战士，去捍卫自己最大的利益，成为最好的历史创造者？

今年我们的阶级会不会像海啸一样冲破资本主义的枷锁？我不知道。但我知道，今年是我们为未来岁月做好准备的一年——有些岁月可能很漫长，有些岁月可能很快就会过去。我们没有水晶球，我们也不是巫师——事实上，我们比巫师更好。我们是共产党人，知道开展社会主义革命需要很多东西。也许其中最重要的要求之一就是，必须深入斗争，在进行现实斗争的进程中明白我们的历史使命：将全人类从资本主义和各种压迫中解放出来。

我们要做好相关准备，让我们的阶级成为历史的火车头和推动者。

为了伯明翰四姐妹，为了密歇根州的弗林特，为了石墙起义，为了穆米亚，为了伦纳德·佩尔蒂埃，为了莱斯利·范伯格，为了三角内衣工厂的工人，为了干草市场烈士，为了桑德拉·布兰德，为了巴勒斯坦、古巴、委内瑞拉、叙利亚、海地和利比亚，为了资本主义的"掘墓人"，为了人类的未来和无限可能而斗争。

黑人的命也是命！建立一个工人世界！打破父权制！释放穆米亚！石墙起义万岁！

工人阶级青年想要社会主义！

美国工人世界党社论

2020 年 5 月 9 日

舆观在 2019 年 9 月进行的一项民意调查显示，70% 的千禧一代会投票支持社会主义者。三分之一的人认为共产主义比资本主义好。这项调查意味着美国的年轻人越来越相信人类和世界的未来是社会主义。

美国人民对资本主义基本制度和建国神话的信任感正不断走向瓦解。在"保障自由"的作用方面，只有 57% 的千禧一代支持《独立宣言》，相比之下，74 岁以上的人支持《独立宣言》的比率则高达 94%。

共产主义在千禧一代中的受欢迎程度正在迅速增长，他们对共产主义的支持率去年增长了 8%。与此同时，35% 的千禧一代对马克思主义持积极态度。五分之一的人认为，如果废除私有财产制度，世界将会变得更好。在改革方面，45% 的人支持完全免费的大学教育，50% 的人认为政府应该保证每个人都有工作。

是什么条件和经历造就了这些"红色"千禧一代？

是这一代人占领了华尔街，领导了"黑人的命也是命"运动，为了气候正义而罢工，投票给伯尼·桑德斯和更左翼的候选人，继续与特朗普的每一次种族主义、法西斯主义攻击作斗争。

是这一代人支持工会，支持移民，支持性少数群体的权利和性别平等，并且反对战争与种族主义行径。

同样是这一代人无法享受充分的就业机会，面临着数万亿美元的学生债务压力，无力偿还信用卡或高额医疗费用。千禧一代的孩子以及今天出生的孩子，他们的预期寿命比他们的父母要低。这个毁灭性的统计数字是对导致资本主义衰落的资本主义犯罪体系的控诉，也是对走进死胡同的资本主义的控诉。

尽管资本主义完全摧毁了人们的生活，但过去一个世纪所施加的反共宣传（资产阶级对布尔什维克革命取得胜利的回应）造成的影响仍然是现实存在的。例如，61%的受访者认为"共产主义者"一词本身是一种人格侮辱。但是，值得注意的是，认为"社会主义者"一词具有侮辱性的比率只有37%。

大多数受访者认为特朗普是世界和平的最大威胁，他继续开展经典的反共产主义运动，称亚历山大·奥卡西奥-科尔特斯和其他进步的民选官员为"共产主义者"和"反美人士"。

与此同时，民主党领导层面临着党内民主社会主义者的挑战，在他们是继续做新自由主义帝国主义的坚定支持者，还是向推动更进步议程的派别让步的问题上产生了分歧。众议院议长南希·佩洛西等保守派民主党领导人继续捍卫以市场为导向的资本主义观点。

在民主党陷入困境的同时，随着全世界都在努力应对资本主义的消亡，美国的社会主义和共产主义政党也在不断壮大。

资本家庆祝柏林墙倒塌，但社会主义向前进步了

30年前柏林墙的倒塌引发了一场全球性反革命运动以及苏联解体。资本主义的卫道士们宣告历史的终结，宣称资本主义将是世界上永久存在的制度体系。

然而，在德意志民主共和国、东欧和苏联经历了30年的资本主义制度之后，民意调查显示，这些国家的大多数人更喜欢社会主义时代的生活。他们经历了社会主义制度与资本主义制度之间的强烈对比：一个是保障就业、廉价住房、全民儿童保育、免费高质量医疗保障的社会主义制度，另外一个是失业、无家可归、薪资盗窃、低报酬、文盲、右翼民族主义、缺乏心理健康支持的资本主义制度。

在今天的中国，数亿人摆脱了贫困，而且正在采取严肃的措施来应对气候变化。古巴人的平均寿命比美国人还长。

人们面临的现实与资本主义的宣传背道而驰，资本主义宣传说"社会主义是个好主意，但是它行不通"，是美国把整个世界从共产主义的"奴役"和"独裁"中"拯救出来"。

委内瑞拉和玻利维亚等国的亲社会主义政府目前正受到美国支持的右翼势力的围攻，因为他们在赢得资产阶级选举后，为人民取得了巨大的发展利益，并建立了自己的基层运动组织。

然而，首要的问题仍然是：到底由哪个阶级掌控银行、主要行业、媒体和公民社会，以及国家机构？对这个问题的不同回答将对人类和地球上

所有生命的未来生存起到决定性作用。

事实上，社会主义革命是资本主义剥削制度和日益危险的法西斯主义的唯一真正替代品。

美国工人世界党成立60年来，始终坚定捍卫社会主义阵营及其改造世界的努力。我们期待着许多年轻的千禧一代共产党人加入我们的行列，为建设一个工人的世界而在街头战斗！

第六部分

反对压迫：性、性别、残障人和老人

党的任务：建立阶级团结[*]

莫妮卡・摩尔黑德

2009 年 11 月 24 日

20 世纪 70 年代初，在弗吉尼亚州的诺福克，我第一次被介绍给工人世界党，是在政治犯乔治・杰克逊被暗杀、阿提卡监狱叛乱爆发和针对黑豹党的"反谍计划"种族灭绝战争之后。

虽然我在诺福克党支部的经历是有教育意义和实践价值的，特别是在反对种族主义的斗争方面，但有些因素却阻碍我成为一名正式党员。

后来，一个改变我一生的时刻出现了，那一刻就是 1974 年波士顿反种族主义游行，这场游行使我从一个完全不同的角度来看待工人世界党，我开始明白为什么需要一个革命党。

---

[*] 此篇文章节选自工人世界党秘书处成员莫妮卡・摩尔黑德在工人世界党 50 周年全国代表大会的演讲。

工人世界党将波士顿视为在美国资本主义社会里反对种族主义斗争的重要战场。因此，工人世界党认识到，不仅要在南波士顿，而且要在全国范围发动一场反对种族主义势力的政治斗争。党想通过这次政治动员发出一个明确的信息：不管种族主义罪恶出现在什么地方，都要予以坚决反对。

工人世界党明白，为了反对这种日益增长的种族主义浪潮，比如满载黑人学生的公共汽车被白人种族主义者用石头砸，黑人男子在光天化日之下在街头被殴打，需要多民族的广泛联合阵线来扭转这种局面。这涉及一场全国性的运动，以表明波士顿的黑人社区及其盟友并不是孤立无援的。

工人世界党并没有因为自身干部数量有限或者缺乏必要的政治资源而拒绝采取必要的行动，不仅是因为这些行动是正确的，而且也因为这些行动是正义的。反对种族主义也意味着建立阶级团结，以推动实现真正的经济正义和最终的阶级解放。

革命的积极分子们高举"对种族主义说不"的旗帜，把之前的所有政治分歧都搁置在一旁，捍卫黑人上任何他们想上的学校而不用担心种族主义攻击的权利。工人世界党积极捍卫这些政治要求，并且将被压迫民族自决权的列宁主义理念不断付诸实践。

波士顿大游行对我来说是一个决定性的时刻，它帮助我向前迈出了一大步，我于1975年正式加入工人世界党。波士顿大游行和其他无数的例子都已触及革命的工人阶级政党应该做什么的核心问题，即尽一切必要的努力去团结和领导我们的阶级，即使这意味着与政治反动的潮流相悖，甚至意味着在某些情况下要独自开展行动。这是对一个革命性政党的严峻考验。

我们党的创始领袖萨姆·马西、文斯·科普兰和多罗西·巴兰，已经不在我们身边了，但他们给我们留下了一笔巨大的历史遗产，那就是我们要以身作则，尽自己全部的力量，展示如何在历史的起伏中建立和维护一个革命性政党。当涉及为美国或世界各地工人和被压迫者而斗争时，究竟选择或支持哪一种合法的斗争方式，从来就不是问题。这些斗争的领导人是否与我们或其他志同道合的组织拥有共同的世界观也从来都不是问题。过去和现在最重要的事情是，你究竟站在哪一边，是站在老板和银行家这一边，视世界为自己的私人领域，以牺牲人类的需求为代价来获取利润，还是站在那些为民主权利、民族解放、国家主权、实现社会主义而奋斗的人这一边。

阶级团结的其他案例

为工人阶级的团结而奋斗是种族主义、民族压迫、妇女压迫、男女同性恋、双性恋和跨性别压迫的对立面——所有这些都是影响我们阶级内部团结的危险因素。如果一个马克思列宁主义政党放弃为阶级团结，特别是为被压迫民族的自决权而斗争的原则，就等于沦为机会主义、阶级勾结、宗派主义和道德败坏的牺牲品。

我们党在50年的历史中避免了这些危险的陷阱，比如组织了一个保卫委员会，支持黑人活动家罗伯特·威廉姆斯和梅·马洛里，他们早在20世纪60年代初就在北卡罗来纳州开展武装自卫活动，对抗"三K

党"。

在 1967 年 6 月美帝国主义支持的以色列犹太复国主义国家发动的对阿拉伯国家的战争中，我们是美国政坛第一个为巴勒斯坦举行团结示威的左派政党。这次示威活动受到亲犹太复国主义者的恶意攻击，实际上这次示威活动是在孤立的情况下举行的，因为反战运动力量拒绝支持我们党主席萨姆·马西提出的声援巴勒斯坦自决权利的团结呼吁。

正是工人世界党保护非洲裔美国总统不受种族主义和新法西斯主义的攻击，同时不让这一黑人群众的历史性时刻阻止我们呼吁所有美国军队离开阿富汗、巴基斯坦和伊拉克，同时支持殖民地人民以任何必要手段为摆脱帝国主义而战斗。

建立阶级团结还有另一个重要方面，那就是，如果没有敢于献身、具有阶级意识的革命者，就不会有政党。但是，革命者首先是生活在阶级社会中的人，他和我们阶级的其他人一样，也会受到各种偏见、矛盾和落后因素的影响。但是，革命者不完美，就意味着他们不能为党的阶级斗争作出贡献吗？许多人加入工人世界党，包括我自己在内，不是因为我们读过马克思或列宁的所有著作，也不是因为我们能够满怀信心地发言，更不是因为我们了解每一件重要事情的发展态势。

入党的主要标准不仅仅是我们对资本主义和帝国主义制度及其腐朽的一切抱有仇恨，更是因为我们想要全力以赴地反对这个野蛮的制度，不是作为个人，而是作为一个整体，直到这个制度最终被各民族组成的工人阶级推翻。取而代之的将是一个人道的社会主义制度，在消灭种族主义、战争和贫困的情况下，满足每一个人的需要。

作为工人世界党的同志，意味着不要把我们的关系当作理所当然的事情，而是要对彼此遭受的特殊压迫和面临的挑战保持高度敏感，并从内部寻找建立和加强阶级团结的积极途径。萨姆·马西、文斯·科普兰和多罗西·巴兰等人成为在世界上最强大帝国主义国家里建立富有战斗精神的工人政党的典范，这并不容易。许多人曾经勇敢地尝试过，但最终失败了。

我们要从前人身上吸取教训，并利用这些教训推动今天的斗争向前发展，因为我们面临着有史以来资本主义最大的一次政治危机，这场危机源于20世纪30年代以来最严重的资本主义经济萧条。我们的党还不能独自完成这项挑战，正如我们的运动不能独自完成一样。要扭转这种悲观主义情绪并作出应对，需要工人运动出现历史性高涨。但工人们无法自发地完成夺取政权的历史使命，他们需要一个具有强烈阶级意识，同时能够掌握其他政治和组织工具的工人政党来领导他们走这条道路。

跨性别者的人生，革命性的变化

美国工人世界党社论

2019 年 4 月 2 日

为"跨性别者可见日"（Trans Visibility Day）干杯！此次会议于 3 月 31 日举行。也许你不知道发生了什么。

这一天不会在大型商业媒体上非常"显眼"。

因为这一天是由跨性别者组织的，也是为跨性别者而组织的，他们为自己和自己的生活发声，告诉世界他们如何定义自己，同时庆祝跨性别者生活的复杂现实。

企业媒体痴迷地将跨性别者的生活描述为统计收视率的固定时段的"马戏团"，或者将跨性别者描述为右翼攻击期间被踢来踢去的政治足球。

相反的是，跨性别者一直在坚持这个真理：从我们这个物种诞生之初，他们就一直是人类群体中的一部分。

正如跨性别同志格里·阿姆斯比在"跨性别者可见日"的脸书上所评论的那样："纵观历史，人类社会以各种方式'赋予'人们各自的社会经济角色，我们今天将其理解为'性别'。由于所有的社会都受到不断变化的内部和外部力量的影响，我们有理由相信为什么现在性别的作用不是静态存在的，而且从来不是，更不必说二元的了。当然，性别的作用与实际的人类生物学几乎没有关系。这不是什么新鲜事。"

事实上，在母系社会，在父权制兴起之前，性别复杂性是一种社会规范，现在可能被称之为"跨性别"。这种性别复杂性的许多不同种类、名称、习俗和历史今天仍存在于土著居民、土著民族和土著文化中。

但是，正如阿姆斯比在他的脸书评论中所指出的，在父权制践踏了这种复杂性的美国和其他地区，"对于许多跨性别人士，尤其是有色人种的跨性别女性来说，为这种复杂性而进行的斗争相当于为获得正确的性别称谓、如厕的权力以及其他跨性别、非二元和双灵人①认为的值得为之斗争的任何资源和措施而进行的生死斗争。"

在美国发挥作用的"外部力量"产生了压迫性的、狭隘的"男女"概念来作为一种公共的目标——创造殖民地的定居者、帝国主义的士兵和可塑性强的工人。

那么，20世纪初当美国开始入侵并占领其大陆边界以外的国家时，泰迪·罗斯福总统发起了"锻炼"年轻男孩成为"男子汉"的运动就并非偶然了。正如历史学家萨拉·瓦茨所说，他希望帝国主义美国的男人们"真正继承白人、侵略者、武装分子和民族主义者的牛仔传统"。

跨性别生活给了我们所有人一个愿景和希望，一个拒绝刻板的、主导的和有害的关于男性和女性观念的世界。正如跨性别战士、历史学家和活动家莱斯利·范伯格曾经说过的："所有性别的人都有权利探索女性气质、男性气质以及两者之间的无限变化——不受任何批评或嘲笑。"

---

① 双灵人(Two-Spirit)，与两性人或跨性别者含义类似，意为"体内同时含有男人和女人灵魂的人"。这个词指的是超过150个北美原住民部落都有的一种社会角色，即"第三性"。这些人当中，一些原本生理上是男性，但认为自己是女人(man-woman，男性女人)，因而着女性服饰，扮演女性社会角色；或是原本生理上是女性，但认为自己是男人(woman-man，女性男人)，而在部落中从事传统男性的工作。——译者注

范伯格也知道，社会主义的未来提供了建造这样一个世界的唯一可能性。在这个世界里，跨性别者和所有的人都可以完全拥有自己美丽、独特的性别，生活在性别的复杂性中。来自《工人世界》的范伯格同志在2014年去世时留下了最后一句话："记住我是一个革命的共产主义者。"

在早期的一本小册子《跨性别解放：一个时代已经到来的运动》中，范伯格写道："就像种族主义和所有形式的偏见一样，对跨性别者的偏见是一种致命的致癌物。作为工人我们被置于彼此对立的地位，目的是让我们不把彼此视为盟友。真正团结的纽带可以在尊重彼此差异并愿意共同打击敌人的人们之间建立起来。我们的阶级是为全世界而奋斗的阶级，我们可以使这个世界发生革命性变化。我们将赢得真正的解放。"

零容忍！虐待者，出去！*

美国工人世界党社论

2020 年 2 月 7 日

进步运动已经从性别虐待的可耻历史中走了很长一段路。实现社会主义和性别平等正义，任重而道远。我们携起手来，一起继续前进。

我们必须响亮地申明，我们将保护彼此免受种族主义、性别歧视、恐同症、残疾歧视和虐待的冲击。如果我们想要成功，我们的空间或运动就决不能留给施暴者和帮凶们任何存活的空间。

在查阅 2010 年由黑人性别活动家和学者考特尼·德西蕾·莫里斯的文章《为什么厌恶女人的人会成为伟大的线人》时，我们发现危险是双重的。厌恶女人者和虐待者将受性别压迫的人赶出这场运动。出于对自身安全的担忧，加上认识到跨性别女性、跨性别男性、女同性恋、酷儿以及其他不符合任何性别的个体生命和贡献与顺性别者的生命和贡献所受认可不同，我们对进入不受支持的领域持谨慎态度。

在运动中失去同志总是有害的，而如果失去观察受性别压迫的同志为斗争作出贡献的独特视角，则将走向一条通往失败的道路。通过接受施虐者进入活动空间，我们为施虐者对遭受破坏的国家进行渗透提供了肥沃的土壤。

---

* 此篇社论由工人世界党的性别酷儿和女性同志撰写。

受性别压迫的人有权保护自己免受虐待，以及恐同症和厌女症的侵害。我们有权追究那些不支持我们自决的组织的责任。不考虑这一点的空间和组织将会在 21 世纪造成一种无法维持的局面。

女性和其他受性别压迫的人被期望保持沉默，忍受虐待，努力建立团结。那么，这将是谁的团结？这不是与妇女和其他受性别压迫的人团结一致，他们完全有权利坚持要求加入运动。毕竟我们也是为了解放而奋斗。我们是解放斗争的中坚力量。

施虐者和他们的支持者会将这种对安全的坚持视为我们没有把运动放在第一位的证明。我们被告知要"闭上眼睛，想想社会主义"。然而，当我们不能确定社会主义会优先考虑我们的安全和贡献时，我们还能想到什么？我们只能看到一种优先考虑我们的安全和贡献的社会主义形式。

在特朗普政府攻击女性、跨性别者和健安喜员工的情况下，受性别压迫的人们的愤怒正在增长。这是正义的愤怒。每次允许施虐者留在我们的运动中，我们对运动中的同志和盟友不支持我们的恐惧就会显现出来。

虽然变革型正义（Transformative Justice）是一种重要的发展模式，但它不能在妇女和受性别压迫的人感到身体受到威胁的环境中实施。在我们感到同志和盟友不支持我们的情况下，这种模式是不可能发展起来的。在施虐者不为自己的行为承担责任的环境中，这种模式也是不可能发展起来的。

除非在将施虐者从我们的运动中清除出去的问题上达成一致，否则就不可能讨论如何将他们作为已经痊愈的个体带回来。

跨性别战士莱斯利·范伯格团结了所有争取自由的斗争

米妮·布鲁斯·普拉特[*]

2015 年 4 月 1 日

2015 年 3 月 28 日，工人世界党在纽约市 SEIU 联合医疗保健工人东区 1199 号马丁·路德·金劳工中心举行纪念活动，纪念和庆祝我们敬爱的同志莱斯利·范伯格[①]的一生伟业和作出的主要贡献。范伯格曾任工人世界党全国委员会委员。

范伯格于 1973 年通过其家乡纽约州布法罗市的分支机构加入了工人世界党，并于 2014 年 11 月去世，享年 65 岁，此前数十年，她一直患有由蜱虫传播的疾病。她临终前说了一句非常深思熟虑的话："记住我是一个革命的共产主义者。加速革命！"

在工人世界党成员鲍勃·麦卡宾 1976 年的开创性著作《男女同性恋压迫的根源》基础上，范伯格在《跨性别战士：创造历史》和众多著作中首次从马克思主义的视角对跨性别压迫的起源进行了分析。她从事的理论工作，以及为捍卫工人、女同性恋、男同性恋、双性恋、跨性别者、妇女、囚犯和残疾人的权利而从事的斗争事业，她参与的反对种族主义和帝

---

[*] 莱斯利·范伯格 22 年的伴侣和配偶。

[①] 关于对范伯格的性别称谓，她在 2006 年的一次采访中说："对我来说，性别称谓总是要放在语境中。"多年来，同志们和朋友们通过一系列性别称谓与她联系在一起。但是范伯格最喜欢亲密的朋友和家人使用的称谓是"she/her"和"ze/hir"，所以这里用的是前者。

国主义的行动，赢得了国际人士的普遍认可。

在她的一生中，范伯格清楚地知道，她所从事的工作起源于世界工人党创始人萨姆·马西所确立的斗争原则，包括尊重性少数群体的生命权利，反对社会对性少数群体的压迫。这已成为工人阶级斗争的一部分。

除了世界工人党组织的纪念活动外，范伯格没有要求任何其他纪念活动。她想利用这种办法来加强党的力量，把同志们和朋友们聚集在一起，分享与正在进行的斗争有关的政治经验和教训。

纪念碑感人而丰富地记录了范伯格致力于"加速革命"的一生，并包含了许多关于建设"工人世界"的尖锐而深刻的教训。

建立一个工人的世界

一个由工人世界党成员和来自美国各地的朋友参加的节目讲述了范伯格在个人经历和日常政治工作中表现出的尊重、团结、同情、关心，以及政治洞察力和革命乐观主义的趣闻轶事。《工人世界》执行编辑莱拉民·道尔同志总结了这些重要时刻的影响："我想说，我和我的同志们将高举着拳头，秉承黑人、同性恋的骄傲，以范伯格的名义继续斗争下去。"

鲍勃·麦卡宾将这些时刻放在了一定的背景下，他说："莱斯利·范伯格用其一生的时间来建立一个革命的马列主义战斗党，以推翻帝国主义、建设社会主义的未来。"

鲍勃·麦卡宾讲述了范伯格刚入党时遇到自己的经历，讲到她如何跟自己交谈，用范伯格的话说，她是一个"勉强读完高中"的工人。麦卡宾讲述了她如何谈论这种思想的威力以及党如何把自己培养成一名工人知识分子，进而创造了开创性的理论工作。麦卡宾强调，范伯格用马克思主义的辩证唯物主义方法来解释自己以及在广泛的社会、政治和经济发展中其他工人的生活，她能够给数百万人带来希望，即"资本主义的噩梦"是可以结束的。

范伯格将自己定义为"一个反种族主义的白人，一个工人阶级、世俗犹太人、跨性别者、女同性恋、女性、革命共产主义者"。她以自己身份的复杂性作为马列主义分析的起点。

国际行动中心联席主任、工人世界党秘书处成员萨拉·弗朗德斯强调，范伯格用马克思主义作为分析工具，示范性地演示了"被压迫者把自己面临的问题和生活带入斗争的范畴"的过程。

范伯格与工人阶级分享了这些见解，不仅通过她的个人著作，还在她担任《工人世界》报的执行主编以及在"政治犯专栏"担任数年编辑期间，撰写了数百篇文章。《工人世界》编辑和党的秘书处成员迪尔德丽·格里斯沃尔德表示，范伯格从不允许她在更广泛的性少数群体运动和文学界的个人名声被统治阶级利用，从而将她与工人阶级区分开来。相反，通过她的作品，范伯格"让人们感受到自己生命的意义"。

性少数群体档案馆馆长贝特·鲍尔·阿尔温谈到了范伯格为支持工人阶级，尤其是跨性别者的政治发展而采取的最后行动之一——将她的研究图书馆捐赠给档案馆，所有人都可以在那里免费阅读图书。

第六部分　反对压迫：性、性别、残障人和老人

扎根于工人阶级

党的创始人之一米尔特·内登伯格很好地解释了范伯格在工人阶级中的深厚根基以及她与工人世界党的长期联系。他指出，范伯格的父亲是布法罗贝尔飞机公司的一名极端反工会工人，她的父亲从后来成立工人世界党的同志领导的1949年成功罢工中受益。

米尔特·内登伯格第一次见到范伯格是在1968年布法罗农场工人联合会组织的一次街头会议上。从那时起，范伯格就致力于劳工斗争，这一斗争一直持续到1994年成立"劳动自豪"组织（Pride at Work），在该组织的自我定义中加入了"跨性别者"一词，再到2002年的哈佛最低生活工资的静坐斗争。范伯格也是1981年全美汽车工人联合会和全国作家协会的成员之一。

由于整个社会对范伯格跨性别者身份的歧视，使她无法获得稳定的工作机会，因此她大部分时间的谋生手段主要是靠一系列低工资的临时工作。正如汤姆·斯卡希尔同志所反映的那样，作为一个跨性别者，她也经历了暴力、不断的身体虐待、威胁和不尊重。这些经历奠定了她致力于为跨性别者争取提供医疗保健和获得堕胎机会的决心，奠定了她为妇女获得堕胎机会而努力的基础，奠定了她参与1992年和1998年布法罗为遭反堕胎者袭击的诊所辩护的基础。

勒内·因佩拉托同志指出，范伯格"对全人类的贡献"包括"街头斗争"，即通过街头集会、游行和示威以及真正的街头战斗保卫最受压迫

的人。勒内·因佩拉托曾和范伯格并肩战斗，对抗那些攻击同性恋和跨性别者（这些人主要是有色人种）的偏执狂，他们的酒吧曾经离会议大厅只有100码远。

范伯格的战斗精神一直持续到2012年被捕，由于范伯格抗议非洲裔跨性别女性希希·麦克唐纳因"敢于反击那些想要杀死她的人"而被监禁，《工人世界》执行编辑克里斯·哈梅尔同志回忆道。

有一段视频显示，范伯格在麦迪逊广场花园举行的呼吁释放政治犯穆米亚·阿布·贾马尔的活动上发表演讲。她是"穆米亚彩虹旗"组织的创始人之一，该组织于2000年组织了这次会议。同志们谈到了范伯格在工人世界党参与的其他反种族主义运动中发挥的关键作用，从1974年波士顿的学校废除种族隔离斗争到1988年亚特兰大的反"三K党"游行。

只有社会主义才能解放我们所有人

在整个纪念活动中，同志们和朋友们始终强调，范伯格总是用自己被压迫的经验和自己的洞察力，与所有的被压迫群众建立联系，包括与受新殖民主义和帝国主义攻击的国家建立国际性团结。正如贝西·皮特同志所指出的，范伯格第一次参加的工人世界党的游行是在1973年支持巴勒斯坦，而乔伊斯·切迪亚克同志谈到范伯格的最后一次国际旅行是在2007年，当时是为了去声援巴勒斯坦女同性恋组织。

弗兰克·内瑟同志强调："范伯格带给我们的历史遗产很清楚：战斗、团结、斗争、共产主义。"工人世界党秘书处成员特蕾莎·古铁雷斯谈到范伯格对光荣的古巴革命的热爱。特蕾莎·古铁雷斯肯定了范伯格在其2009年《彩虹团结：保卫古巴》一书中的独特贡献，反击了美帝国主义对古巴性少数群体实际生活的错误宣传。古铁雷斯陈述了范伯格所说的一句话："只有社会主义才能解放我们所有人。"

当帕姆·帕克同志唱起了妮娜·西蒙①的歌曲"我希望知道自由是什么感觉，我希望能打破束缚我的所有枷锁"时，我们为莱斯利·范伯格同志而哀悼。当玛莎·格里瓦特同志说出列宁在弗雷德里希·恩格斯去世时引用的诗句"一盏多么明亮的智慧之灯熄灭了，一颗多么伟大的心脏停止跳动了"时，我们为莱斯利·范伯格同志而哀悼。

当工人世界党秘书处成员兼《工人世界》总编辑莫妮卡·摩尔黑德说："莱斯利·范伯格，你为你自己和你的阶级的解放战斗到最后一刻！"我们宣示要效仿范伯格的斗争。

最后，我们合唱了《国际歌》，这是世界工人阶级的革命圣歌："起来，饥饿的囚犯！起来吧，地上的可怜虫！地球将在新的基础上崛起——我们曾经一无所有，我们将成为所有！"②

---

① 妮娜·西蒙，美国歌手、作曲家与钢琴表演家。——译者注
② 引自《国际歌》美国版歌词。——译者注

团结一致走向社会主义

凯西·杜金

2020 年 1 月 16 日

定于 2020 年 1 月 18 日举行的"全球妇女游行",是自 2017 年厌恶女性、偏执的特朗普就任总统以来的第四次此类国际抗议活动。超过 100 个分会和成千上万的成员正在动员多国、多性别、多代人在美国和世界各国举行抗议活动。

游行领导人设立了一个"交叉的平台",称为"全球联合准则"。他们呼吁结束对妇女的暴力行为,并为工人、移民、有色人种、土著社区、残疾人和性少数人群争取权利。他们还主张维护气候公正,要求妇女享有生育权,目前这一权利在美国受到恶意攻击,对受压迫妇女产生的影响最为严重。

游行组织者的另一个共识是反对一切形式的种族主义和偏见,包括仇视伊斯兰教和反犹太主义。

工人世界党支持这些原则和为之奋斗的运动。由非洲裔美国人领袖塔拉娜·伯克发起的"我也是"运动(Me Too Movement)已经成为一个包括反对工作场所性虐待的工作行动在内的群众运动。争取每小时 15 美元最低工资和工会化的斗争仍在继续。虽然提高最低工资的运动在 22 个州取得了成功,但是仍有一些工人被排除在外,包括获得小费的工人,以及许多妇女、移民和残疾人。

特朗普的种族主义、仇外心理、反穆斯林、反犹太人、厌恶女性、歧视残疾、跨性别恐惧症和仇视同性恋的偏见是危险的，因为它激怒了极右翼，危及数百万人的安全以及他们本身的生命，因为它损害了他们的合法权利和人权。致命的攻击已经导致了许多不必要的死亡。

华盛顿方面对移民（尤其是那些来自拉丁美洲、加勒比海、中东和非洲的移民）发动的可怕战争，迫切需要我们团结和行动起来。这场战争包括拘留、驱逐、家庭分离和关押儿童。种族主义警察对受压迫社区的占领也是如此，这危及妇女、受性别压迫者及其亲人。仇恨犯罪，包括谋杀、针对跨性别有色人种女性的犯罪也是如此。

所有这些偏执的尖刻言论，再加上特朗普政府反对工人、反对穷人的立场，都转化为反动的措施，不断削弱人们的合法权利，削减至关重要的甚至是可以挽救生命的政府公共服务，包括医疗和食品项目。这些攻击尤其针对低收入和受压迫的人，主要是妇女和儿童、老年人和残疾人。

然而，推行反动、种族主义思想和政策的不仅仅是特朗普和他的亲信的事情。他们的恶毒行径背后是最富有的人——资产阶级——宣扬的意识形态，这些人试图在工人和社区之间煽动敌意和分歧，阻止他们团结起来为自己的权利而斗争。

世界上最富有的 26 位亿万富翁（他们大多数在美国）所拥有的财富相当于全球一半最贫穷人口的财富总和。在疯狂追逐超级利润的过程中，资本家让全球人民陷入贫困，他们支付剥削性的工资，同时阻碍工人的工会化进程，威胁工人在工作场所的安全。在全球寻找石油、天然气和矿产的过程中，他们从原住民手中窃取土地和资源，并且不断地破坏生态系统。他们完全无视人类和地球健康的道德责任。

为了全世界的团结！

看看全球化资本主义（帝国主义）的影响就会发现，女性受到不同程度的影响，她们占世界上最贫困人口的70%。此外，每年有数百万妇女和男人必须离开家庭和祖国移居国外寻找工作。

帝国主义导致无休止的战争，因为资本家试图攫取国家的资源，并在整个地区获得政治、经济、战略和军事上的支配地位，以便开发和控制这些地区的资源。华盛顿多年来一直在军事占领中东国家，试图推翻不听话的政府，扶植傀儡领导人，并在战利品争夺中击败竞争对手。在拉丁美洲、非洲和亚洲其他地区也是如此。

今天，世界面临着美国对伊朗发动战争的严重威胁。五角大楼拒绝从伊拉克撤军，尽管伊拉克民众坚持要求美国军队离开他们的国家。华盛顿无视该地区人民的愿望，又向中东地区增派了3500名士兵。

妇女和儿童是战争和占领的最大受害者。声援我们在伊朗和中东其他地区的姐妹们至关重要。我们必须大声呼吁："不要对伊朗开战！美国撤出伊拉克！"

工人世界党呼吁我们与巴勒斯坦姐妹团结一致，反对美国支持的军国主义和实行种族隔离政策的以色列。向那些生活在自己政府的枪口下、没有法律或人权保障、受压迫的妇女表达姐妹情谊，这不是反犹太主义，而是一种道义上的义务。

我们还向生活在受美国制裁的 39 个国家的妇女及其家庭表示声援，她们占全球人口的三分之一。一场名为"制裁杀戮"的新运动反对这种形式的经济战，并呼吁在 3 月 13 日至 15 日采取全球行动。

在支持国内外妇女反对性别压迫斗争的同时，让我们也共同努力，将这项运动推进到下一个阶段，打击全球化资本主义，它是导致偏见、对所有性别和国籍的人的压迫、不平等、贫穷和战争的根源。

工人世界党宣布，有一种制度可以禁止一切形式的歧视和不平等。它将宣布百万富翁和亿万富翁为非法，禁止使少数人致富而剥削大多数人的劳动，并利用创造的财富为每个人提供工作、住房、教育、医疗保健和营养食品，并保护环境，这种制度就是社会主义。

残疾人的权利：阶级斗争的广阔舞台*

布莱恩·谢伊

2014 年 7 月 12 日

关于美国残疾人的斗争，有两件重要的事情需要了解。第一，我们组织起来，是为了破除资本主义社会对我们强加的限制。第二，我们是被孤立的人民，冲破了许多障碍才获得了集体斗争的力量。如同那首古老的工会歌曲所言："工会使我们强大。"

在这个阶级斗争的舞台上有太多的故事，而我将概述其中一些最重要的事件。我们的工作是为这段历史增添更多的重大事件，我坚信我们会的。

真正的海伦·凯勒

我想以海伦·凯勒的例子作为开始。她是一个取得重要成就的历史人物，不论是耳聋和失明的生理障碍，还是社会对聋人和盲人施加的限制，她都不管不顾。很少有人知道她是一个社会主义者，是世界产业工人联合会的成员，也是公开反对第一次帝国主义战争（第一次世界大战）的组

---

* 此篇文章是布莱恩·谢伊的演讲稿。从波士顿残疾人人民解放阵线开始，30 多年来谢伊一直是残疾人权利运动的组织者。他参加了 1995 年在古巴哈瓦那举行的第一届残疾人权利国际会议。

织者之一。

海伦·凯勒的政治主张受到资产阶级的批评。资产阶级传达的信息是:"继续坚持你为盲人所做的美好事情,不要评论战争和贫穷。"但是,海伦·凯勒并没有保持沉默。

海伦·凯勒指出:"只要我的活动仅限于从事社会服务和帮助盲人,他们就会大肆赞美我,称我为'盲人的女祭司''神奇女侠'和'现代奇迹'。但当我谈论贫穷时,他们的表现就是另一回事了!我坚持认为,贫穷是错误的经济学所导致的结果,我们生活所依赖的工业体系是导致世界上许多人失聪和失明的根源。

"帮助残疾人是值得称赞的。表面的慈善使富裕的道路变得平坦,但是提倡所有人都应该有闲暇和舒适、体面和优雅的生活,则是一个乌托邦式的梦想,一个认真考虑实现它的人确实必须是聋人、哑巴和盲人。"

资产阶级对凯勒的描述必须被纠正,因为这是他们惯用的对残疾人的感伤、恶心、煽动人心的夸夸其谈。我们不需要去鼓励资产阶级的此类言论。

我想谈谈一些受残疾人影响的运动以及由残疾人发起的运动。

1932年"酬恤金进军事件"提高了退伍军人的权利

"酬恤金军"(Bonus Army),指的是1932年春参与"酬恤金进军事件"①的1.7万名第一次世界大战老兵（其中许多是残疾人）及其家人和支持者。他们要求政府立即履行其补助金承诺。此前政府曾为大部分失业的退伍军人颁发了一张补助金证书，承诺到1945年支付补助金。许多人搭起了帐篷，说除非能立即兑现承诺，否则他们不会离开。这支"酬恤金军"由许多退伍军人组成，他们因为战争遭受了身体、心理和情感上的残疾，然后发现自己被扔回社会，得不到任何支持。这些退伍军人试图组织起来获得他们所需的一些支持，并得到相关承诺。胡佛总统对"酬恤金军"的回应是派遣由道格拉斯·麦克阿瑟将军率领的陆军部队赶走退伍军人并烧毁他们的营地。至少有两名游行者被打死，许多人受伤，许多人被捕。

另一个重要的组织是20世纪30年代在纽约市成立的身体残障者联盟。该组织的成员有身体残疾，他们之所以组织起来，是因为在政府运营的公共事业振兴署②求职时受到歧视。他们纠察并占领了公共事业振兴署的办公室，这一行动得到了许多左派人士的支持。联盟赢得了政府的部分让步。

---

① "酬恤金进军事件"或"补偿金事件""补助金进军事件"，指的是1932年美国华盛顿发生的一起示威事件。1.7万名参加过一战的退伍美军要求即时发放战时服役的薪饷，人群集会请愿，但这些退伍军人的请求遭到美国政府拒绝。最后美国政府派兵介入并造成流血冲突。——译者注

② 公共事业振兴署（1935—1943年），大萧条时期美国总统罗斯福实施新政时建立的一个政府机构，以帮助解决当时大规模的失业问题，是美国历史上兴办救济和公共工程的政府机构中规模最大的一个。1935—1943年，公共事业振兴署先后为大约800万人提供了工作机会，耗资约110亿美元。——译者注

第六部分 反对压迫：性、性别、残障人和老人

"独立生活运动"由此诞生

第二次世界大战后，保健、卫生和医疗技术的改善延长了人的寿命。然而医疗保健状况的改善也意味着，许多在这些发展之前无法生存的人，却带着更多的残疾存活下来。

到了20世纪60年代和70年代，残疾人数量已经达到了临界水平，他们建立了相互支持的网络。他们为实现在家中和社区中独立生活以及提供这些服务所需的支持设定了自己的模式。他们主张在建筑物、工作场所、家庭和学校中建立无障碍设施。这就是20世纪70年代"独立生活"运动的开端。

在这些事态发展的过程中，1973年《复兴法案》得到签署。具有重要意义的是，该法案的措辞直接摘自1964年的《民权法案》"没有任何残疾人（他们当时使用了'残疾人'一词）会被排除在美国政府的任何项目或活动之外，被剥夺福利，或受到歧视。"

该法案禁止在联邦机构实施的方案、接受联邦财政援助的方案、联邦雇用和联邦承包商雇用行为中存在对残疾人的歧视现象。该法案的签署是对日益高涨的残障权利运动的直接让步，但是这一法案并没有实施。尼克松、福特和卡特政府一直拖延，直到1977年。

美国历史上时间最长的占领联邦政府大楼行动，才最终使相关法律得以实施。1977年，抗议者占领了美国卫生、教育和福利部旧金山办公室长达28天。设在华盛顿特区的卫生、教育和福利部办公室也被短暂占领。

177

这次占领最终迫使卡特政府的卫生、教育和福利部部长同意实施相关法律。

　　这场斗争的主要内容是工会和社区组织的积极和具体的团结活动。这些团体在占领区之外举行支持示威的活动，并向静坐和示威者开放供应线，确保食物进入、信息传出。黑豹党的奥克兰分部为本次斗争提供了重要的支持，尽管黑豹党作为一个全国性组织在几年前被联邦调查局"反谍计划"摧毁，导致该党大部分领导人被关进监狱、被谋杀或被迫流亡。在此，非常感谢他们的支持。

新冠肺炎疫情与老人的危机

特雷莎·古铁雷斯

2020年4月22日

得克萨斯州圣安东尼奥这座得克萨斯州的城市很少成为全国焦点。但自新冠肺炎疫情暴发以来，这座所谓的"河城"两次登上了全国新闻。

后一则新闻是4月9日的凄凉场景：一万户家庭排队领取食品银行发放的食品。这一幕暴露了这个国家的饥饿危机。

然而，第一则全国性的新闻发生在一家疗养院——东南护理与康复中心——的事件，该中心位于这座城市的东南部，主要居住着棕色人和黑人。4月1日的新闻报道称，该中心的居民和工作人员新冠病毒检测呈阳性。[①]

从那时起，已有17名老年居民死于新冠肺炎，28名工作人员感染或因此患病。

社区领袖汤米·卡尔弗特称这家疗养院为"恐怖之家"。KENS电台网站4月15日指出，在2019年该中心的最近一次政府检查期间，联邦医疗保险给了它"五星中的一星"的评价。

许多人写道："一个国家的好坏取决于它如何对待其最脆弱的成员。"尽管拥有了长寿的机会和特权，但工人们被认为是可有可无的，甚至是可

---

① 特雷莎·古铁雷斯90岁的母亲就住在圣安东尼奥一家养老院，距离新冠肺炎疫情暴发的东南护理与康复中心两个街区。

抛弃的，仅仅因为他们不再能够为老板们创造财富，这是多么的悲哀。

新冠肺炎疫情暴露了老年人的状况

新冠肺炎疫情暴露出资本主义制度无力，也不愿意照顾包括老年人在内的病人或弱势群体。新冠肺炎疫情证实，必须废除"以营利为目的"的分散式医疗保健体系。现在就必须废除。

在新冠肺炎疫情暴发初期，西雅图受到了冲击，当地一家养老院暴发了噩梦般的疫情，从2月26日开始，有20多名老年人死亡。《纽约时报》3月4日报道称："疫情的暴发……暴露了美国养老院和辅助生活设施，以及居住在其中的250万人的巨大脆弱性。"

文章继续写道："这些机构正受到越来越多的审查……因为它们在引发流行病方面发挥了显著作用。研究表明，这些机构可能出现人手不足，进而导致控制感染措施松懈，而且居民经常往返于养老院和医院，把病毒带来了回来。"

在4月1日出现新冠肺炎疫情的圣安东尼奥疗养所，工作人员"同时在其他十个疗养院工作"，也揭示了低薪护理人员的繁忙日程。更多的新闻继续介绍了这场危机的情况。

4月15日，《纽约时报》的一篇文章指出："收到匿名举报后，养老院发现17具感染病毒的尸体。"该报道还指出："最近有68名居民和护士在新泽西一个小镇的医疗机构中死亡。"

第二天，《纽约时纸》关于纽约皇后区的一家疗养院的标题是"有29

人死于病毒，数量或许更多，但没有人承认"。

想象一下那些老人的家庭所承受的痛苦、不安和恐惧；想象一下你不能最后一次拥抱你的母亲、妻子或伴侣；想象一下，你不知道你爱的人是如何度过他们在地球上的最后时刻的恐惧，或者因为疗养院突然封锁而不能在那里安慰你爱的人的悲伤。

新冠肺炎疫情暴发之前，养老院的状况就很糟糕

2000 年，美国卫生与公众服务部表示："人们正在死亡……因为他们没有获得足够的水和营养。" 2001 年 7 月 20 日，一份国会报告指出，1600 家美国疗养院——约占总数的近三分之一——被指存在虐待现象。

19 年后的 4 月 18 日，《华盛顿邮报》的一篇文章写道："在公开报告新冠肺炎病例的 650 多家疗养院中，40% 的疗养院近年来不止一次被点名，原因是它们违反了旨在控制感染传播的联邦标准。"这些违规行为包括"可能引发流感、肺炎、尿路感染和皮肤病传播的不安全条件。就在新冠病毒大流行袭击美国的几个月前，检查人员发现了几十起这样的病例"。

这些违反了联邦安全条件监管标准的疗养机构现在已经出现了新冠肺炎疫情的死亡事件，其中包括马里兰州的"欢乐景观疗养院"，有 24 人死于新冠病毒；里士满附近的坎特伯雷康复和医疗中心，有 49 起死亡病例；而在宾夕法尼亚州西南部的一个疗养中心，"官员们警告说，全部 750 名居民和工作人员都可能已经被感染"。

上述机构的工作人员不应该为这些问题的出现负主要责任，即使有些人在履行医疗保健职责时确实存在违背公序良俗的行为。事实上，这是资本主义制度导致的错误，而不是医护人员的过错。

如果这些疗养院已经被点名过，那么政府采取了哪些跟进措施来纠正它们的错误行为呢？

待遇低下、缺乏职业培训、工作时间长加上任务繁重，使得在资本主义体制下照顾老人的工作充满着各种挑战。给成年人来更换尿布或处理褥疮并不容易，尤其是当老人患有痴呆症时。

不断有报道称，医护人员尽管工资低，却在竭尽全力满足老年人的需求。许多家庭成员对注册的医疗助理、护士、接待员、行政人员在非工作时间仍通过视频聊天软件来照顾老人的行为表示赞扬。实际上，这已经超出了他们的职责范围。

照顾老人是一项非常重要的工作，不仅需要技巧，甚至可以说还需要温和的态度。应该为这份工作——一份真正的职业——提供高质量的培训，而且获得的薪水也应该非常高。然而，如果不进行群众性的斗争，这种情况是不太可能发生的。新冠肺炎疫情的蔓延必然会为这场斗争奠定基础。

在社会主义制度下，老年人不会被赶出家门。长者将被视为骄傲、智慧和历史的源泉，将像在一些原始土著社区那样受到珍视。

对马克思主义者的挑战

美国霍夫斯特拉大学名誉退休教授西尔维娅·费德里奇向左派提出了

新的挑战,要求他们把照顾老年人的需求也作为社会主义斗争的一部分。

在《论老年人护理工作与马克思主义的局限》(*On Elder Care Work and the Limits of Marxism*)一书中,费德里奇写道:"护理工作……特别是老年人护理近年来已成为公众关注的中心……以应对一些使许多传统援助形式陷入危机的趋势。在这些趋势中,首先是老年人口的增长和预期寿命的延长,它需要与之相匹配的老年人服务的增长。"

她写道,一个关键因素是"中产阶级化……摧毁了支持的网络和互助形式,而独居的老年人曾经可以依靠这种网络和互助,因为邻居们会带来食物、帮助铺床、一起聊天"。她继续指出:"而实际的结果是,现在人们也认识到,对于大量老年人来说,寿命延长的积极影响遭到忽视甚至被蒙上了阴影,因为他们可能会面临孤独、社会排斥以及更容易受到身心虐待的威胁。"

她呼吁左派把老年人照顾问题作为马克思主义者和革命家工作的重要组成部分。她指出:"争取照顾老年人的斗争必须被政治化,并纳入社会正义运动的议程。老年人的概念本身也需要一场文化的革命,一方面,不能使老年人赡养问题成为国家与年轻一代的财政负担,另一方面也拒绝把老年人问题神秘化为人生的一个'可选'阶段。我们可以'治愈''克服'甚至预防老年人问题。"

通往社会主义的道路将跨越几代人

当人们考虑到全球南方地区的人、囚犯、无家可归者和美国受压迫社区的人的寿命缩短时，就可以正确地得出这样的结论：变老现在是一种特权。

如今的年轻人面临着一个接一个的生存危机。气候危机本身就引发了一个问题：即使是千禧一代，他们在这个星球上还能存活多久？

但是，在一次又一次的斗争中，无论是应对气候变化、批判医疗保健的缺乏，还是为提高最低工资而斗争，我们看到年轻人和老年人正在手拉手。

不同年代的人可能并不总是完全理解彼此的语言，但年轻的革命者明白，他们所获得的任何好处都是站在长辈的肩膀上达成的。

而老年人尽管面临着背部疼痛和衰老带来的其他问题，但他们一直在为后代人的生活而努力改变这个世界。

一个更美好的世界确实正在诞生。无论左翼的老一辈能否活着看到那个世界，他们都将为社会主义而战——直到死亡的那一刻。

第七部分

国际团结：在全世界捍卫我们的阶级

组织工人为团结而战[①]

拉里·霍姆斯

2018年6月14日

我们必须开始推翻关于工人组织方式的狭隘观念。

传统的工会主义，也就是商业工会主义，会说："好的，如果我们觉得工人们能得到认可，能得到合同，能就剥削条款进行谈判，我们就会组织工人。如果他们不那么做，我们就不知道该拿他们怎么办了。"

这就是为什么一些工会放弃组织快餐工人的主要原因。他们的论点是："你不能去组织麦当劳的工人，因为永远不会得到认可。我们这是在砸钱。"此外还有各种各样的借口，所以他们放弃了。

这是非常危险的，因为从革命马克思主义的角度来看，如果你不组织

[①] 本文系2018年5月6日工人世界党第一书记拉里·霍姆斯在"马克思诞辰200周年：特朗普时代的阶级斗争"会议上的部分演讲。

尽可能多的工人，无论他们在什么岗位工作，那么你就会纵容资本主义制度让工人们相互竞争。

我们可以从在亚利桑那州、科罗拉多州和其他地方举行罢工的教师那里学到一些东西。他们也将前往北卡罗来纳州。这是革命性的。我不知道大家是否都明白。

一些教育工作者——不仅仅是教师——正在所谓反工人、反工会的州进行斗争。他们不被政府所认可。按照资产阶级的法律，他们的罢工是非法的。这意味着这是一场"叛乱"，尽管成千上万的人都在说让这种定性见鬼去吧。虽然他们可能会遭到解雇，可能会被罚款，但他们还是坚定地走了出去。

这是给所有工人的一个信号。不管你面临的情况如何，不管你所在州的法律如何，如果有像我们这样的革命者、活动家和激进分子能够理解并且愿意以任何方式帮助你，你们都可以组织起来。这对我们来说是个巨大的挑战。

我们需要所谓的"真正的国际主义"。法国正在进行一场巨大的斗争。这很重要。目前的基本情况是，工人们再次站起来，与资产阶级几代人以来一直试图做的事情作斗争，他们企图收回工人们的所有成果，从而提高自己的竞争力。

问题在于，欧洲其他国家的工人应该与法国工人站在一起。事实上，这不仅仅是一场欧洲范围的斗争，而应该是一场全球性的斗争。为什么？因为如果资产阶级在法国取得了胜利，那么这一场面就会在世界所有地方重演，就像他们在底特律和波多黎各所做的那样。

我们需要赋予我们的斗争一个崭新的革命空间：这真的是一场全球性的阶级斗争。

以下这句话出自约 170 年前马克思和恩格斯撰写的《共产党宣言》："工人有时也得到胜利，但这种胜利只是暂时的。他们斗争的真正成果并不是直接取得的成功，而是工人越来越扩大的联合。这种联合由于大工业所造成的日益发达的交通工具而得到发展，这种交通工具把各地的工人彼此联系起来。只要有了这种联系，就能把许多性质相同的地方性的斗争汇合成全国性的斗争，汇合成阶级斗争。"

我认为，他们所言，实际上是对社会媒体进行了马克思主义的分析。正是通信技术使远距离的组织工作变得更加容易。资产阶级利用它来达到自己的目的，工人阶级也可以利用它来实现自己的目标。现在你可以预想一场之前难以想象的全球罢工的可能性，总有一天会实现的。

资本主义让工人们之间陷入激烈的竞争。在资本主义危机中，这种竞争会不断加剧，甚至变得更糟。只有当工人阶级的斗争达到一定的势头，才能改变这个问题，工人阶级的团结才会变得更加强大。因此，团结就有了很大的引力，推动工人们走到一起。

这就是特朗普的危险所在。我们可以说很多关于特朗普的事。尽管他很糟糕也很危险，但他实际上是资本主义体系正在分崩离析的一种迹象，是资产阶级绝望的表现。然而，我们不要忘记特朗普主要是干什么的。他要粉碎工人阶级，他要分化瓦解那些最受压迫的工人阶级。

如果我们理解马克思的意思，我们可能就会试图做更多的事情来团结那些最近乘着大篷车来到这个国家的移民工人，他们已经被特朗普攻击了好几个星期了。他派出了更多的军队、警察和法官，更多的国家机器来镇压这些移民工人。

我并不是说我们需要集中精力支持移民工人的原因是他们的困境一定比世界其他地方的工人更糟糕或者更严重，或者这仅仅是一个道德问题。不，完全不是。

如果我们了解了统治阶级的意图，如果我们真正理解了他们想如何束缚工人阶级，那么我们就会知道，是时候找到一种方法来团结我们自己和这些移民工人了。幸运的是，我们将有另一个机会来这样做。实际上，我们的机会很多。

我希望工人世界党和所有的盟友、共产主义者和社会主义者，或者不管如何定义自己的人、那些想要革命的人、想要帮助工人阶级并提高其地位的人，以及那些想要超越眼前需求并在隧道的尽头看到社会主义革命的人，让我们更加努力地工作。让我们用马克思的200岁诞辰来激励我们这样前行。

新冠肺炎疫情凸显社会主义和资本主义应对之间的差距

约书亚·汉克斯

2020 年 3 月 22 日

2020 年 3 月 9 日，随着越来越多的国家不得不应对新冠肺炎疫情的扩散，人们对全球疫情日益增长的担忧和恐慌占据了新闻的头条。全世界已有超过十万人被确诊为阳性病例，还有更多的病例没有被发现。意大利宣布在全国范围内实施旅行禁令，其他国家也在考虑做出积极应对。

西方媒体几个月来一直关注中国的反应，经常谴责中国的威权主义，并淡化中国抗击疫情的有效性。然而，很明显，中国史无前例的隔离措施、新医院的快速建成、检测能力和医疗用品生产的大幅提高、免费检测和治疗政策的快速出台，以及对医务人员、解放军官兵和共产党员的大规模动员，都成功地减缓了病毒传播，减少了人员感染。

中国根据人民需求采取措施而不是寻求利润最大化，使其在抗击疫情方面具有优势。

赞扬中国的做法

曾于 2 月份访华的世界卫生组织代表团成员布鲁斯·艾尔沃德博士在 3 月 4 日接受《纽约时报》采访时说："迅速升级的疫情已经得到遏制，

而且下降的速度比预期要快。这背后是中国的积极应对,从而保证了成千上万的中国人免于感染新冠病毒。"

他补充说:"中国真的很善于挽救病人的生命。中国的医院看起来比我在瑞士看到的一些医院都要好。我们问'你们有多少个呼吸机?'他们说'50个。'哇!我们接着问'有多少个 ECMO[①] 呼吸机?'他们回答'5个。'"

艾尔沃德指出:"(中国)政府明确表示,检测是免费的。"他又指出:"就算你的保险到期了,新冠肺炎检测呈阳性,政府仍会承担所有医疗费用。而在美国,个人支付费用是获取及时治疗的障碍。这就是可能造成严重冲击的原因,也是全民医保覆盖和安全保障的交叉点。"

当被问及中国的反应是否"仅仅因为中国是一个威权国家"时,艾尔沃德博士回答说:"在酒店、火车、夜晚的街道上,我与体制外的很多人交谈过。他们被动员起来,就像在战争中一样,而正是对病毒的恐惧驱使着他们。他们真的认为自己站在保护中国其他地区乃至整个世界的第一线。"

世界卫生组织传染病风险管理主任西尔维·布林德告诉记者:"限制人员流动的措施使疫情在中国境内的传播减缓了两三天,在中国以外的地区减缓了几周。"

---

① ECMO(Extracorporeal Membrane Oxygenation),即体外模肺氧合,是常规治疗无效的危重型新冠肺炎患者的挽救性治疗手段。——译者注

第七部分　国际团结：在全世界捍卫我们的阶级

美国的高成本应对措施

面对越来越多的新冠肺炎患者，美国的反应与中国形成鲜明对比。在2月26日的新闻发布会上，副总统迈克·彭斯被特朗普总统任命负责领导联邦政府抗击新冠肺炎疫情。没有接受过任何医疗培训的彭斯，曾担任过艾滋病暴发期感染最严重的州——印第安纳州的州长。

在新闻发布会上，特朗普提出了几个具有误导性的、彻头彻尾错误的说法，这些说法与政府部门有关科学家的观点相矛盾。特朗普声称，病例正在"大幅下降，而不是上升"，美国正在"迅速研发疫苗""基本上会很快注射新冠疫苗"。

然而，美国国家过敏和传染病研究所所长安东尼·福奇博士表示，新冠疫苗还需要12—18个月才能准备好。卫生部长亚历克斯·阿扎尔不认为美国正在研制的疫苗对所有人来说都是负担得起的，这与高成本的美国医疗保障体系的其他部分如出一辙。

在3月3日的白宫新闻发布会上，美国有线电视新闻网记者吉姆·阿科斯塔在推特上写道："白宫只允许这次新冠病毒简报使用静态照片，不允许使用音频或视频。"一周前，政府试图封锁关于疫情的信息，并指示科学家与彭斯协调处理所有的声明和公开的露面。

联邦机构对如此规模的流行病完全没有做好准备。由于特朗普为削减成本而停止招聘，疾病控制和预防中心有近700个职位空缺。公共卫生机构多年来一直受到资金削减的影响。

2018年，特朗普削减了疾病控制与预防中心项目80%的预算，并解散了政府为领导美国应对疫情而成立的全球医疗安全团队。

在没有任何实际支持的情况下，彭斯承诺美国每周将有能力进行超过150万次的检测。实际数字要比这个低得多。华盛顿州是截至3月8日报告病例最多的州，每天可以进行略高于1000次的检测。俄勒冈州每天只能检测40次，而阿肯色州每天只能检测4到5次。本周早些时候，美国疾病控制与预防中心宣布，它将停止报告累积检测数量。

关于检测的声明遗漏了这样的内容，即为了确认阳性结果，一个人必须接受两次检测。说是一个每天能检测1000次的州实际只能检测500人。美国真正的检测能力如何尚不清楚，这让公众对病毒的传播范围一无所知。

资本主义医疗制度的失败

特朗普政府缓慢、拙劣和不透明的应对与中国政府的快速应对形成了鲜明对比，中国的快速应对减缓了疾病在境内的传播。

美国的经济规模更大，但完全是资本主义的，并没有做到中国特色社会主义道路所做的事情。与公众健康相比，美国政府官员似乎更关心股市和季度利润会受到什么影响。

中国的隔离措施和其他措施对经济产生了负面影响，但这些措施保护了国内和世界各地数百万人的健康。

资本主义的美国似乎不能，也不会把国内人民的健康放在首位。

中国社会主义计划体制与应对新冠肺炎疫情

萨拉·弗朗德斯

2020年4月4日

全球新冠肺炎疫情大流行最明显地暴露了全球化的世界经济与依然存在的、陈旧的资本主义制度之间的矛盾，这种制度建立在私人对财富和资源的掠夺之上。

资本主义力求从每一种人类活动中获取利益的无情驱动力现在暴露为对整个地球人民的最大危险。

与此同时，中国向急需医疗服务和个人防护设备的国家提供了大量的援助。这些大规模的援助展示了中国特色社会主义制度的优越性。

中国正在通过空运、铁路和海运向全世界89个国家运送所需的医疗设备，包括检测工具、口罩、防护服、护目镜、温度计和呼吸机。

根据《中国日报》2020年3月26日的报道，中国的医务人员和飞机已经被遣往28个亚洲国家、26个非洲国家、16个欧洲国家、10个南太平洋国家和9个美洲国家。这是1949年中华人民共和国成立以来，中国进行的最为密集和广泛的紧急人道主义救援行动。

来自中国的22批医疗物资

相比之下，仍然是世界上最大经济体和最富有国家的美国却完全缺乏计划，甚至没有能力动员人民来捍卫自己的生存。尽管中国的人口几乎是美国的四倍，并且是第一个被这种新型病毒感染的国家，但美国报道的新冠肺炎死亡人数现在已经超过了中国。

美国营利性的医疗公司和各级政府机构现在都转向中国订购必需品。在此之前的两个月里，美国一直对中国和世界卫生组织进行种族主义的嘲笑和政治攻击，并拒绝提供援助。

美国的州长、市长、慈善组织、非营利组织和姐妹城市组织，以及主要的卫生机构对美国政府无力解决关键物资的供应问题感到非常失望，纷纷开始与中国公司签订贸易协议，以获得紧急供应。

美国联邦紧急事务管理局介入，下令从中国空运22批物资，但是通过营利的私营部门网络进行分配。根据《纽约时报》报道，3月29日，一架载有80吨医疗用品的商用飞机从中国抵达纽约，带来13万个N95口罩、180万个面罩和防护服、1000万个手套和上千个温度计，分发到纽约、新泽西和康涅狄格。在接下来的两天里，还有飞往芝加哥和克利夫兰的类似航班计划。

纽约州现在是新冠肺炎暴发的中心，州长安德鲁·科莫说，纽约急需四万台呼吸机。不幸的是，现在已经没有呼吸机了。欧洲公司已经买下了中国最大的呼吸机生产商的全部库存。

欧盟也不堪重负

新冠病毒不仅侵袭了国际金融中心美国，其他高度发达的帝国主义国家包括意大利、西班牙、德国、法国和英国也在它的冲击下步履蹒跚。

欧盟国家也无法做出有效应对。为了在2008年全球资本主义崩溃后重振资本主义公司和银行，欧盟在2008年全球资本主义崩溃后，对成员国实施了多年的财政紧缩和削减社会项目的政策。现在欧盟拒绝与其他国家分享医疗援助，即使是与自己的成员国。

这些帝国主义国家没有向世界其他国家提供任何东西，尽管这场极端的医疗危机已经蔓延到190多个国家。

还不到美国五角大楼一个小时的开销

美国政府大张旗鼓地宣布，将由国际开发署拨款6200万美元来帮助其他国家应对这场流行病。而这比五角大楼一个小时的开销还要少。五角大楼庞大的7460亿美元预算（其中大部分是对石油和军事公司的补贴）每天消耗约20亿美元，即每小时8000万美元。

虽然美国没有向任何国家提供真正的援助，但美国国务卿蓬佩奥依然抨击中国和接受中国援助的国家，声称"中国共产党对我们的健康和生活方式构成了实质性威胁，武汉病毒清楚地证明了这一点"。特朗普政府还利用这场全球危机带来的艰难处境，加大对伊朗和委内瑞拉的制裁力度。

中国的"卫生健康丝绸之路"

已经因美国战争和制裁及自然灾害、气候变化而面临人道主义危机的国家正面临着新冠病毒的威胁。所以，中国正在建立"卫生健康丝绸之路"。技术精湛的中国医疗队已经开始陆续抵达越来越多的国家，包括伊朗、伊拉克、意大利、塞尔维亚、委内瑞拉、巴基斯坦和柬埔寨。

3月11日，随着新冠肺炎疫情在中国得到遏制，中国也承诺向非洲国家提供紧急援助。即使在缺乏卫生保健系统的国家里，仅靠医疗设备无法克服这场卫生健康危机的，中国向非洲国家提供的两万套检测工具、十万个口罩和1000套防护服，仍会对这些国家的防疫事业产生巨大的影响。

3月22日，中国医疗队抵达塞尔维亚，带来了第一批16吨物资。相比之下，欧盟则援引美国施加的制裁，拒绝向塞尔维亚提供任何援助。

3月27日，130吨从中国运往意大利的防护装备在维也纳卸货。

十多年前开通的一条铁路线——中欧班列将中国48个城市与欧洲连接起来。3月28日，经过两个月的封锁后，第一列离开中国的货运列车从武汉出发，19节车厢里装载着当地制造的医疗用品。

武汉是中国受新冠肺炎疫情影响最严重的城市，但现在拥有大量的专业人员和新制造的医疗设备，可以为世界提供帮助。据路透社报道，3月22日，一批来自中国的数百万只口罩和手套运抵法国。

中国制定了新冠肺炎诊断标准和治疗计划

中国国家卫生健康委员会编制了一套非常宝贵的新冠肺炎诊断标准和治疗计划。该机构正与180个国家和十多个国际和区域组织分享这些文件以及其他技术文件。

中国国家卫生健康委员会还与国际社会进行了深入交流，与100多个国家和地区举行了约30场关于新冠肺炎疫情技术问题的视频会议。

3月12日，中国国家卫生健康委员会与世界卫生组织举行了一次视频会议，与来自77个国家和7个国际组织的代表分享了中国抗疫经验，线上观看人数超过10万人。

利润体系造成灾难

在全球经济体系中，为什么中国甚至世界卫生组织提供的基本检测设备和医疗用品都被特朗普政府拒绝了？

这不仅仅是因为美国对中国惊人的发展水平越来越敌视，也不仅仅是受右翼空想家推动。

美国的医疗保障是为了利益而存在。免费或廉价的试剂盒和医疗用品威胁着资本主义从每一次交易中获利的空间。制药、医疗和保险公司是当今美国最赚钱的公司。再加上石油和所谓的国防公司，它们控制了美国的金融资本。

在那关键的两个月里，这些至关重要的供应品可以迅速订购或制造并储存起来，但却没有足够的利润来刺激生产。美国的医疗设施采用的是精简的"船到订单"（ship to order）模式。

资本主义生产的无计划性和竞争性扭曲了所有的社会交易，疯狂的投机和快速获利的泡沫成为一种常态。

随着这场危机对数百万人来说变得越来越明显，任何被认为可能供不应求的东西，都立即被囤积起来，以供投机。这导致了洗手液、口罩、基本食品甚至卫生纸的短缺。

谁将为此买单、谁将从中获利，这是所有资本主义关系中的根本问题。然而最需要的——即满足人民群众的需要——并不在资本主义的计算范围之内。

早在1月，特朗普政府自己的医学专家就认为呼吸机可能的短缺将是一个关键问题。然而，"白宫和联邦紧急事务管理局都在努力确定需要什么、由谁出资，以及如何解决供应链问题。"在知道没有任何东西能真正解决这些问题后，特朗普继续保证："我们将拥有足够的资源。"

许多媒体报道证实，缺少检测试剂盒是因为制造商坚持独家合同以保证利润，跟进和分销计划也完全缺乏，甚至对于如何保存检测结果也没有提前规划。

缺乏对人口需求的预估加上混乱的盈利规划已经给美国的每一家医院都带来了危机。私立和公立医院、城市、州和联邦机构、地方和国家慈善机构都在竞相争夺现有的供应链。

社会主义计划是答案所在

中国是如何控制疫情的？中国现在是如何开始在全球范围内向其他国家提供大规模援助的？

显然，社会主义经济制度和包括医疗产业在内的主要产业的大规模集体所有制起了决定性作用。

即使在较小的发展中国家，社会主义的规划解放了经济以满足国内需求，甚至有能力为其他受困于美国经济统治和陈旧社会关系的国家做出重大贡献。

看看古巴吧。一个只有1100万人口的国家，派往发展中国家的医生数量比世界卫生组织还多。古巴还开发了一种药物干扰素a-2b（Interferon Alfa-2B）并与世界各国免费分享，该药物可用于治疗新冠肺炎。

到目前为止，美国政府不仅禁止使用来自古巴的药物，还威胁接受这些药物的国家。但随着美国死亡人数的上升，对治疗和医疗设备的需求可能会迫使看似已成定局的政策发生改变。

中国一直在努力克服过去的欠发达状态，发展社会主义市场经济。与此同时，中国共产党维持着普遍的政治和经济领导。中国共产党指导着国家的发展计划，控制着资本主义公司在中国能做什么、不能做什么。

中国是一个发展中国家，经历了上百年的殖民掠夺和欠发达状态。但自从1949年社会主义革命推翻旧政权以来，中国一直保持着稳定发展。70多年前的那场革命使中国在如今这场新冠肺炎疫情全球大流行中表现得与其他国家完全不同。

来自古巴的经验：灾难的资本主义和社会主义的计划[*]

纳撒尼尔·蔡斯

2017 年 11 月 11 日

今年到目前为止，已经有三个四级或五级飓风在加勒比海或美国南部登陆：它们是"哈维""厄玛""玛丽亚"。把这些风暴说成是自然灾害已经司空见惯了。毕竟，这些都是自然事件，尽管是由人类造成的气候变化促成的。

但飓风所带来的破坏并不完全是自然的现象。在现在这个时代，飓风的危险可以在登陆前几天被观察、预测和通报。

现如今，飓风已经成为一种人为的灾难，因为受影响的社会的组织原则很大程度上决定了飓风的实际破坏程度。

"玛利亚"飓风过后，波多黎各已有数百人甚至更多的人丧生。"哈维"和"厄玛"在美国大陆造成至少 160 人死亡，其中 12 人被迫留在佛罗里达州一家疗养院等待死亡，而这家疗养院与一家正常运行的医院隔街相望。为什么"厄玛"飓风期间那家疗养院的死亡人数比整个古巴的死亡人数还多？

古巴政府在 2004 年和 2005 年飓风"伊万"和"丹尼斯"登陆之前安全有效地疏散了 100 多万人，而在 2005 年飓风"丽塔"登陆美国之前

---

[*] 本篇文章修改自 2017 年 11 月 11 日纳撒尼尔·蔡斯在工人世界党会议上发表的讲话"追随切·格瓦拉国际旅的足迹"。蔡斯曾赴古巴参加纪念切·格瓦拉逝世 50 周年纪念活动。

的休斯敦疏散中，有100多人死亡。

波多黎各和古巴的电网都因最近的飓风而完全关闭。此时此刻，绝大多数波多黎各人仍然无电可用。然而，古巴的电网在一周内恢复了70%，在三周内就完全恢复了供电。

为什么这个世界上最富有的国家——美国，拥有最完善的基础设施、工业水平和通信技术，但却无法有效应对飓风；而古巴，一个财富只相当于美国的一小部分、拥有少量的基础设施和工业化的岛国，却能做出如此出色的反应呢？

答案只有一个：社会主义！

古巴是一个按照社会主义原则组织起来的国家，服务于人民的利益，由一个共产主义的列宁主义政党所领导。美国是一个资本主义的帝国主义国家，由资产阶级管理，该国的所有银行和利润都是为资产阶级服务。而波多黎各是美国的一个殖民地，由银行通过财政控制委员会管理。

社会主义体制是古巴对飓风应对良好的原因。我在古巴有机会学到社会主义是如何使古巴做出如此有效的反应的。

古巴对自然灾难进行的社会主义防御

在距离"厄玛"影响最严重的古巴中北部海岸一个小时车程的地方，我们的代表团参观了圣斯皮里图斯大学。在那里，我们会见了古巴国家民防局的官员、大学学生和行政部门代表，了解他们对飓风的应对。

国家民防局是一个可以调动古巴所有应对措施，以保护其人民、经济、社会机构和自然资源不受气候变化和战争影响的综合系统。

没错，古巴明确将飓风应对定义为对气候变化的防御——这是古巴与美国做法的巨大差异。

在革命早期，国家民防局专注于帮助古巴人民抵御外国军事干预。但1963年袭击古巴并造成1200多人死亡的"弗洛拉"飓风，悲剧性地证明了防灾准备的必要性。现在，防灾准备已经成为古巴民防局的重点工作之一。

每个古巴成年人都要参加民防训练，以便在疏散过程中能够提供帮助。自1986年以来，国家民防局每年都会在全国范围内组织一次为期两天的飓风防备演习。在古巴的每一个地区，疏散和避难计划都已到位。当飓风来临时，人们会按照他们已经训练过的方法来应对。

建筑材料、药品、帐篷和其他物资的储存在古巴全岛都有相应的战略部署。在飓风"哈维"登陆之前，休斯敦的官员表示，在仅仅提前几天通知的情况下进行人员疏散是不可能的。说得完全正确！必须事先计划好。

当飓风即将来临时，古巴的四步应对计划已经开始实施：

第一，通知——各个媒体开始进行广播警告。学生和群众组织的成员们挨家挨户地进行宣传，这样每个人都会知道危险所在。

第二，警报——疏散开始。那些住在坚固房屋里的人收留周边的邻居。像教堂和大学这样的大型建筑物可以作为临时避难所。工会、大学生联合会、共青团、保卫革命委员会在国家民防局的领导下动员起来。国家民防局依靠群众组织内部已有的通信和协调计划，不需要每次紧急情况都创建一个专门的通信网络。

古巴人把自己的物品、宠物和工作所需的所有工具和设备一起疏散，老人和病人得到照顾。每个人都被照顾到，没有人被抛弃。疏散计划包括保护农场牲畜、机械和其他生产手段的应急措施，目的是尽量减少经济损失。所有这些措施都需要细致地提前规划，并鼓励每一个人都参与其中。

美国的做法则完全不同：没有协调动员民众的机制，没有大规模的飓风应对演习，人们遭到政府遗弃，政府任由他们自己组织疏散，因此穷人、体弱多病和老年人往往无法及时撤离。

第三，警告——飓风来临。民防部门努力保持通信畅通，全国媒体播放有关飓风的信息。业余无线电爱好者联合会在电话线损坏时提供必要的通信服务。

第四，重建——评估损失并开始重建。工会从全国动员熟练工人前往受灾地区。古巴的水库系统将雨水收集起来，以便在干旱时期使用。政府设立居委会，直接向群众发放建筑材料。根据每个家庭不同的经济能力，人们可以获得免费材料、补贴、贷款，或者是有偿购买材料。

灾难的资本主义和社会主义的计划

"厄玛"袭击古巴的第二天，古巴所有建筑材料的价格都下跌了一半。这就是灾难社会主义和灾难资本主义的区别。在资本主义制度下，必需品会变得贵得令人难以置信，资本家从人们的苦难中牟取暴利。

但在古巴，价格却下降了，因为这是人民需要的。尽管由于美国的封锁，建筑材料是古巴最难购买的产品之一，但这种情况还是发生了。

在我们代表团参加的会议上，大学生和行政代表介绍了他们应对飓风的亲身经历。

除了接受学校设置民防类课程外，学生们还定期访问古巴的沿海渔村，以发展在紧急情况下的相互协作关系。随着"厄玛"逼近，学生们前往附近的雅瓜加耶，通知人们撤离。至少有1000名海岸附近的古巴人在"厄玛"来袭前被安置在圣斯皮里图斯大学。

大学的工作人员一般会住在现场，提供床铺、食物和文化活动。古巴一如既往地提供免费医疗服务。

飓风过后，学生们每天都会来到雅瓜加耶及其周边地区，帮助当地灾后维修，提供该国其他地区的受灾信息，以及参与社区重建。同样，艺术不被视为一种奢侈品或是资产阶级的堕落要求：社区的文化装饰也被视为一种基本的物质需求。

根据社会主义制度特有的长期计划性，古巴政府承认由于气候变化导致的海平面上升，许多沿海村庄最终会被淹没的悲惨现实。但大学没有放弃这些社区，而是帮助他们逐渐将家搬到地势较高的地方。而美国的情况则完全不同，看看最近迈阿密海滨的高价高层建筑热潮吧。

雅瓜加耶和哈瓦那的重建速度令人难以置信。当我们在那里的时候还能看到一些破坏，但是日常生活，包括经济和社会生活，已经完全恢复了。与此形成鲜明对比的是美国纽约市仍在修复2012年飓风"桑迪"造成的地铁损坏，而波多黎各则是遭遇了一场严重的人道主义灾难。

飓风的悲剧之一是它的可预测性。一年又一年，它们每年都会来，而每一次古巴政府都能够保障人民的基本生活，这是令人钦佩的，而资本主义国家却把人民大众遗弃，听天由命。

在古巴，社会主义拯救了生命，而在美国，人们却在等待着死亡。为什么资本主义完全不愿意对飓风做出应对？

因为在资本主义制度下，劳动者和被压迫者的生命只值得从他们身上榨取剩余价值，也就是所谓的利润。在资本主义处于死胡同的时代，当生产过剩的危机是一种持续的状态，当劳动力储备大军庞大且不断增长时，工人很容易被取代。

数百人的死亡和数百万人流离失所对资产阶级来说并不是什么大问题。恰恰相反！灾难的爆发对资本家来说是一个极好的投资机会，因为它刺激了需求，抬高了商品价格。

但是，在灾难资本主义下，我们这个阶级的命运是什么，那些劳动者和被压迫者的命运是什么？是被剥削、贫穷、流离失所、死亡。

如果我们能从古巴的经验中汲取一个教训，那就是革命是可能的。而且，我们能够并且必须取得革命的胜利。

今天，在格瓦拉去世 50 年后，在布尔什维克革命 100 年后，让我们考虑并从 1964 年格瓦拉在美国对我们说的话中汲取力量，他借用了古巴英雄何塞·马蒂的话："你们北美人非常幸运。你们正在进行最重要的战斗——你们住在野兽的心脏里。"

让我们考虑一下他的话赋予我们的重大责任。

我们不要逃避我们面前的任务，而是要勇往直前，对自己和我们的阶级充满信心。我们会赢的！直到永远的胜利！

美国用"毒性"谎言威胁委内瑞拉

雷蒙德·泰勒

2020 年 4 月 28 日

在每天有数千人死于新冠肺炎和医疗资源减少之际,美国政府却聚集资源和资金,在委内瑞拉海岸部署声称用于"禁毒"的海军舰艇,并逮捕威胁该国领导人。五角大楼命令那里的海军舰艇耀武扬威,试图让美国任命的领导人胡安·瓜伊多接替尼古拉斯·马杜罗总统。最重要的是,美国还悬赏 1500 万美元捉拿马杜罗。

美国指责委内瑞拉领导人参与了非法毒品贸易,但没有任何证据,这是明目张胆的伪善行为。

哥伦比亚是美国的一个附属盟友,也是委内瑞拉的邻国。该国生产和运输的可卡因数量是世界上最多的,即使美国指控委内瑞拉的毒品交易数量也没有接近这个数字。

新冠肺炎摘下了美国营利性医疗模式的面具,暴露出一个荒谬的现实:美国政府对自己霸权和利益的关心远胜过保护人民。尽管美国是人类历史上最富有的国家,但确诊的新冠肺炎死亡人数却是世界最多的。

如此之高的死亡率,是资本主义制度固有缺陷和矛盾造成的。抗击新冠肺炎疫情比保护资本更重要。

美国可能是历史上最富有的国家,但从美国工人身上榨取的财富只是其财富来源的一部分，大部分财富和企业利润都来自对世界其他地区资源和劳动力的掠夺。

美国对这些资源的开采是未经各方同意的。拉丁美洲、非洲、亚洲甚至欧洲的大部分地区或都有美军驻扎，这些国家迫于美国的军事威胁和经济胁迫，不得不向美国强大的实力低头。那些不服从美国金融模式和美元主导地位的国家，会遭到美国的制裁或军事政变而失去与世界的经济和贸易联系。

遭受美国攻击的国家

致力于建设社会主义、脱离国际资本主义制度的国家不断受到美国的攻击。美国通过制裁手段，阻止这些国家获得医疗用品和设备及其他必需品，并且破坏这些国家的经济增长，刻意制造该国民众的不满情绪。目前美国的攻击主要针对委内瑞拉。

现在，美国政府无法为本国人民提供足够的医疗保健，却为胡安·瓜伊多提供了8000万美元的"解放基金"，并声称要把这笔钱分发给委内瑞拉的医疗工作者。然而，其中17%的资金将用于所谓的"国家立法权的防御和加强及其成员的社会保护"，这是一个旨在推翻委内瑞拉民选政府的项目。

根据委内瑞拉分析网4月23日报道，美国已经没收了被冻结的委内瑞拉资产，并将其交给胡安·瓜伊多。尽管从2019年1月开始，美国政府就尝试为瓜伊多的政变投入大量资金，但绝大多数委内瑞拉人仍然支持马杜罗总统及玻利瓦尔革命。

这些措施——包括部署禁毒的海军舰艇、没收委内瑞拉被冻结的资产，以及所谓通过瓜伊多向医疗工作者提供部分资金的计划——都是华盛顿试图夺取委内瑞拉石油储备的尝试。委内瑞拉的玻利瓦尔革命利用石油利润建造了数千所医院和学校，提高了工人和穷人的整体生活水平。

攫取委内瑞拉的石油资源将是美国大企业的胜利。

革命的委内瑞拉政府因对美国资本主义的抵制而遭到美国制裁、攻击和入侵威胁。拥有特殊利益的智囊团和媒体错误地宣称委内瑞拉没有进行"合适的选举"。而事实上，委内瑞拉选举存在的唯一问题就是人民的选择违背了美国的战略利益。

第七部分 国际团结：在全世界捍卫我们的阶级

美国为什么威胁说中国要成为一个新的超级大国

萨拉·弗朗德斯

2019 年 12 月 27 日

所有企业媒体都在评估中国成长为世界第二大经济体的过程，反映出美国统治层和美国最高军事指挥部的一些争论。

他们不得不承认，他们原本想象的大部分希望和梦想，即中国政府可能很容易被击垮，华尔街会找到一条打通中国的路，现在都已经被中国政府具有稳定性的现实所击碎，而且这个政府似乎还拥有广泛的群众支持和日益繁荣的经济。

2019 年 11 月 25 日，《纽约时报》周日版刊登了 20 页的特别增刊《中国主宰》（China Rules）。文章一开始就承认："西方曾断言中国会失败。由政府控制的经济将扼杀增长。政治压迫会抑制创新。互联网是一股不可驯服的力量。新的中产阶级将要求进行民主投票。而事实证明，这些预测都没有成真。中国现在是一个超级大国，可能很快就会超过美国。这是中国如何成功的故事。"

当然，整个增刊充满了帝国主义国家对"民主和自由"的自鸣得意。但人们也认识到，中国经济已连续 40 年保持增长，有望成为全球最大经济体。《泰晤士报》称："中国的经济增长速度是美国的十倍，而且现在的增速仍然是美国的两倍多。"

这是一个不可思议的成就！

共有近八亿人脱离了极端贫困。这是人类近代史上前所未有的成就。根据世界银行的研究，中国的极端贫困率现在还不到1%。但是，中国仍然是一个发展中国家，因为其人均收入仍然只相当于发达国家的一小部分。

在向外国资本投资开放的同时，政府有组织地将中央规划的注意力集中于提高全体人民的经济生活水平上，尤其是农村和最不发达地区。

1949年新中国成立时，文盲率在80%以上，现在中国已经完全消除了文盲。中国大陆现在培养的理工科毕业生比美国、日本、韩国和中国台湾地区加起来还要多。

美帝国主义的亿万富翁决策者和权力掮客们对中国数亿人民生活状况的巨大改善持完全敌视的态度。

尽管美帝国主义决心通过关税、贸易战和军事包围来阻止这种惊人的增长，但是中国经济增长是否会继续下去仍然是美国统治阶层争论的焦点。他们能限制中国吗？

正如《华盛顿邮报》所解释的那样："这场贸易战与贸易本身无关，而是美国要遏制中国并对冲其崛起的进程。"

世界上的每个经济体都将受到影响。11月16日，在巴布亚新几内亚举行的亚太经合组织领导人非正式会议上，有一万名代表和嘉宾，对贸易战、新关税和美国副总统彭斯的傲慢要求感到愤怒，外交官们甚至无法发表闭幕声明。11月30日在阿根廷举行的二十国集团会议也笼罩在不确定的阴云之下。

回想起过去西方的统治和侮辱,中国决心捍卫国家主权,无论是在经济上还是在军事上。中国也对美国产品征收关税。随着美国军舰在南中国海进行侵略性的"航行自由"演习,双方的对抗正在加剧。

"重返亚洲"是五角大楼战争机器将重心转向中国的重大军事调整。搭载核武器的航空母舰、驱逐舰、核潜艇和末段高空区域防御导弹炮台正在就位。

美国的要求

在外交谈判的背景下,美国企业和银行到底希望中国的政策发生什么样的根本性变化?

特朗普政府及其他主要帝国主义国家想要扭转中国的产业和发展政策。他们的条款似乎很抽象:放松对市场准入的限制,结束对在华设厂的公司的强制技术转让,尊重知识产权和专利,以及削弱货币管制。

例如,特朗普指责中国人为压低人民币汇率,以促进其出口行业。中国货币人民币的价值在很大程度上对外国投机者关闭。利率的调节将帮助引导经济的发展。

中美双方的敌意正在不断加深。这是美国政府一次全力以赴的努力,旨在从根本上推翻中国自1978年以来开始实施的经济政策。

市场社会主义:一种妥协

社会主义市场经济,即中国特色社会主义,是在坚持计划经济体制和开放市场经济体制之间的妥协。在中国，它被描述为在不发达国家发展社会主义的初级阶段。

自1978年以来，中国一直在尝试各种吸引外国投资的方式，并以不同形式融入全球资本主义市场。他们与许多西方公司进行交易，同时保持对国家机器的集中控制。他们还延续了多种形式的所有制。

为了吸引西方技术，中国建立了经济特区。这些地区有成千上万的劳动密集型工厂和数百万低工资的工人，美国和其他全球资本家通过对这些地区进行投资赚取了巨额利润。国有企业的少数私人股权被出售。公社被打破，土地被租用。多种形式的小企业被允许存在。

近年来，通过各种就业行动，中国工人实现了工资增长、社会福利和工作条件不断改善。

针对社会主义市场经济及其对社会主义社会带来的影响，目前存在许多不同的观点。但在几乎所有与西方资本的交易中，中国政府都坚持保留自己技术和蓝图，并要求中国工人接受企业经营管理培训。这一规定与其他国家此前的要求截然不同。虽然西方的技术、工厂和资金备受欢迎，但受西方资助的政治思想、组织和媒体等受到社会主义国家和中国共产党的严密监督。

国有企业占主导地位

比中国令人难以置信的经济增长更让美国资产阶级感到沮丧的是，《财富》世界500强榜单上的前12家中国企业都是国有企业，包括大型石油、太阳能、电信、工程和建筑、银行和汽车公司等。他们接受国家的支持和补贴。

2017年《财富》世界500强榜单中，中国企业数量首次达到115个，而在2000年，上榜的中国企业只有10家。美国的趋势则相反：500强中的美国公司2000年达到179家，而在2017年下降到143家。

美国反对向国有企业提供补贴，并宣称这种补贴是一种"不公平的优势"。他们认为，国有企业正在挤压全球资本家认为理应属于他们的利润。他们对国有企业的利润被用于中国最不发达地区的发展和现代化感到愤怒。这种赋予国有企业的"不公平的优势"是特朗普政府对中国钢铁和铝征收新关税的主要原因。

奥巴马政府和特朗普政府以及世界贸易组织都反对向中国国有企业提供补贴。

这完全是一种虚伪的说辞！美国最大的公司是拥有数十亿联邦补贴的军事承包商，只是超级富有的投资者获得了全部的利润。美国私营农业综合企业获得了数十年的补贴。2008年全球金融危机期间，华尔街的私营银行接受了美国联邦政府总计16万亿美元的巨额补贴。

正是在2008年的全球金融危机期间，两国在由谁控制国家方面的差异形成了最鲜明的对比。中国政府拯救和加强了国有企业，让民营企业和外资企业自负盈亏。

中国的互联网遥遥领先

之前，全球巨额资本的预期是，互联网的广泛使用将迫使中国政府不得不向西方的压力、思想和宣传敞开大门。但是，中国政府允许国内的技术创新者建立私有的但受到监管的互联网公司，参与全球竞争。如今，阿里巴巴、腾讯、新浪微博、字节跳动和百度开始与亚马逊、谷歌、脸书和油管展开竞争。

腾讯拥有 6.47 亿活跃用户，是世界上最大的在线社区。阿里巴巴是全球最大的电子商贸平台。

中国的智能手机支付领先美国数年，中国公司经营着一个由创意短视频、播客、博客和流媒体电视组成的网络空间。例如，微信有 8.89 亿用户，他们通过这个移动通信应用社交、玩游戏、支付账单和购买门票。

关于性骚扰和工人权利的国家法律

相比于中国革命之前妇女、工人或农民没有政治地位和权利、无法接受教育等状况，中国现在所取得的社会进步成果是巨大的。与每个国家的情况类似，每一项社会成果的取得都不是同步的，尤其是对妇女而言，其中一些斗争仍在继续。

在中国，许多社会进步成果都已被编入国家法律，而不是通过与每个公司老板进行点点滴滴的斗争或者一个州一个州地通过相关法律来完成。

中国《民法典》中加入了限制工作场所性骚扰的规定，这比美国和其他大多数国家都要早。

根据路透社报道，在 8 月 27 日提交给全国人大常委会的新民法草案中，管理层和用人单位有责任采取措施，预防、制止和处理性骚扰投诉。

受害者可以要求犯罪者"承担民事责任",因为他们通过言语、行为或利用某人的下属关系实施了性骚扰。

中国劳工通讯指出:"中国拥有一个系统的法律框架,赋予工人一系列权利,并保护他们免受雇主的剥削。工人有权按时得到全额工资、正式的雇佣合同、每周40小时固定加班费、包括养老金、医疗保障、失业、工伤和产假在内的社会保险、合同终止时的遣散费、同工同酬,以及防止工作场所歧视。工人也有权成立企业工会,在对工人的工资和条件作出任何重大改变之前,管理层必须征求企业工会委员会的意见。"

"一带一路"倡议威胁美国霸主地位

中国的"一带一路"倡议预计耗资上万亿美元,为非洲、亚洲和拉丁美洲国家提供基础设施贷款、设备和培训,建立一个贸易路线网络,包括连接四大洲各国的新铁路线、港口、高速公路、管道、电信设施和能源中心。它包括为促进城市规划、饮用水、卫生和粮食发展提供资金。中国称之为"世纪计划"。其规模预计是美国"马歇尔计划"的12倍。"马歇尔计划"曾在第二次世界大战结束后对西欧进行了重建。

帝国主义国家担心中国庞大的、正在展升的全球基础设施建设项目会挑战由美国主导的世界秩序。

由于最强大的美国企业是军工企业,美国的援助是建立在各国购买很快就会过时的军事装备的巨额债务基础上的。这无法与中国的发展倡议相匹配。因此,由美国资助的非政府组织和媒体正在对这些急需的发展项目进行广泛的恐吓宣传。

与此同时，中国也正在限制本国资本家的一些项目，原因是这些资本家试图通过引进剥削性的外国投资计划，并将利润转移到中国政府的控制范围之外。

别碰中国！

在进步的美国工人阶级运动中，关于中国"社会主义市场经济"实验的社会性质的大争论还将继续。

研究全球和国内资本主义市场，以及中国日益增长的消费社会的影响是有价值的。社会主义市场经济中的计划和文化形式对许多发展中国家都有借鉴意义。

在中国，百万富翁甚至亿万富翁资本家的社会影响力、法律地位和继承权都应该被重新评估。中国工人阶级目前有6.23亿人。他们的社会分量和政治意识正在增长。工人阶级组织未来社会的能力将是决定性的。

我们对中国生产力的所有权还有很多不了解——包括国有、中外合资，以及省、市和乡镇各级小企业的多种形式的集体所有制。很多事情正在迅速转变。

但归根到底，要反对美帝国主义及其庞大的军事机器对中国的所有威胁，建立清晰明了、富有战斗精神的工人阶级团结是必不可少的。

反对制裁、经济威胁、贸易战、日益充满敌意的媒体谎言，以及美帝国主义的军事包围，这些都是不容争辩的。

别碰中国！

第七部分　国际团结：在全世界捍卫我们的阶级

古巴、重新造林和气候危机[*]

斯蒂芬妮·赫奇科克

2020 年 2 月 23 日

我们在偷来的土地上相遇。这里是勒纳佩霍金，是勒纳佩人的故乡。我们期待着有一天所有土著民族的土地要求得到全额支付。

今晚我们将讨论环境问题，我想知道，你们中有多少人已经阅读了联合国政府间气候变化专门委员会关于海洋状况的最新报告。该报告涵盖了碳污染对海洋、沿海、极地和山地生态系统以及依赖这些生态系统的人类社区的影响。大气中多余的部分碳进入海水，使海水酸性提高。酸性物质直接影响到贝类和珊瑚礁的生长。

海洋里的酸性和额外的高温——比这要糟糕得多——以及大量由石油制成的塑料垃圾正在杀死海洋中的生命。但是海洋星球上的生命取决于海洋生物的生命！

我也想知道，你们中有多少人读过联合国政府间气候变化专门委员会 8 月份发布的气候和土地利用报告，其中第一部分内容的作者大多来自发展中国家，而第一份就是以采访土著居民为主要来源的报告。

这份报告涵盖了农业、伐木、采矿和钻井对土地和栖息地的破坏，也涵盖了首先受到全球变暖影响的人们的观点。报告指出："根据土著和当

---

[*] 这篇文章改编自 2019 年 10 月 3 日斯蒂芬妮·赫奇科克在纽约工人世界党论坛上的讲话。

地的知识，气候变化正在影响干旱地区的粮食安全，特别是非洲的干旱地区，以及亚洲和南美洲的高山地区。"

许多年轻人正在阅读这些报道。对于那些没有跟上全球变暖新闻的人来说，年轻人已经把你们甩在后面了。是时候叙叙旧了。

定居者与自然的战争

森林砍伐和环境破坏始于北美、南美和非洲的殖民主义，以及随之而来的"人类高于自然"的傲慢偷窃心态。移民们在这片土地上开始了一场与自然的战争。事实上，欧洲大规模的造船阶段使定居者能够出去偷盗，并夷平了欧洲的大片森林。

根据现代学者的估计，在被入侵之前，北美的土著人口在5000万到1亿之间。而到了1800年，只有不到100万土著人留在现在的美国境内，受到1500万欧洲定居者的威胁。

土著人口的锐减导致了人类与其他物种的不平衡状态，比如狩猎动物。为什么？因为土著文化的核心是与自然世界保持平衡，并对森林和土地进行管理。

在1492年之前，今天的美国领土上大约有10亿英亩的森林。自1600年以来，大约有2.86亿英亩土地被毁（这可能是一个保守的估计）。在1763年的一封信中，本杰明·富兰克林写道："清理干净的土地可以吸收更多的热量，使雪融化得更快。"他和托马斯·杰斐逊在他们的著作中对移民们专注于迅速砍伐森林的事实记载得很清楚。

到 19 世纪初，移民们已经清除了从现在的缅因州到佐治亚州的 100 英里宽的狭长地带，其中二分之一到四分之三的森林被清除。定居者将这些土地和资源视为掠夺品滥用。没过多久，土壤肥力就遭到破坏——土地被遗弃，更多的土地从原住民手中被偷走。

地球上 80% 的陆地动植物生活在森林里。即使取下森林的部分隔热树冠也会破坏栖息地，并导致对动植物有害的温度波动。雨林是水供应和清洁空气的关键。从 1990 年到 2016 年，我们又失去了 50.2 万平方英里的地球森林。

殖民主义推动了资本主义的发展。殖民主义和资本主义的发展破坏了世界的森林。这是导致全球变暖危机的一个重要原因。除了大气中碳的持续大量增加外，从大气中吸收碳的森林也已被摧毁。世界需要植树造林。

古巴重新造林：世界的榜样

作为一个饱受生态之苦多年的人，本文的信息也给人们带来了希望。作为"我们必胜纵队"① 的一员，我见证了古巴做着世界需要做的事情。

1959 年古巴革命后，古巴实施了第一次土地改革。1968 年，在革命政府的支持下，当地村民决定了一项计划，开始在罗萨里奥山（山区）重新造林。

在西班牙殖民统治期间，这个地区已经完全被夷为平地。原始森林被

---

① 美国的"我们必胜纵队"从 1968 年开始组织知识分子和学生前往古巴帮助收割甘蔗，在此过程中接受思想改造。"我们必胜"是古巴当时最流行的一句口号，"纵队"是古巴劳动管理军事化的形式。——译者注

砍伐用于畜牧业和种植园。当地的桃花心木、马哈瓜、雪松、乌木和其他树种都被完全摧毁了。土壤退化、森林砍伐从19世纪中叶一直持续到20世纪初。贫穷的农民或者为牧场主工作，或者烧树做木炭卖。到了古巴革命时期，这些山上只剩下孤零零的棕榈树了。

古巴的社会主义政府认为有必要在农村地区实施社会和经济项目。这项重新造林计划是与建立社区服务和生计手段一起启动的，旨在改善土壤的质量，为该地区的人民提供必要的工作岗位。他们在山坡上采用梯田种植系统。该计划最初在山区东部的12 355英亩（相当于5000公顷）土地上开始。

古巴科学家协助项目确定要种植哪些本土树木，村民们种植了3000棵桃花心木、木槿和柚木。在八年的时间里，山谷里的农村居民种植了600万棵树。1971年，他们成立了拉斯特拉扎斯村（梯田村）。

古巴革命政府表示，为了养活人民，还应该在其他树木之间种植果树。80%以上的食物都是由当地种植的，所有这些食物都是有机的，包括香蕉、南瓜、葡萄柚、鳄梨、橘子和柑橘，它们都是在森林的树木之间生长的。

恢复原始生态系统

当古巴人民恢复森林时，土生土长的哺乳动物、植物、鸟类和昆虫开始回归，其中许多动植物已经在几个世纪的殖民主义和资本主义对环境的掠夺中濒临灭绝。原始生态系统开始恢复。

如今，古巴有131种鸟类，其中26种是本地鸟类，其余的通过迁徙路线到达古巴的筑巢区。爬行动物有33种，包括17种蛇和11种蜥蜴。世界上一些最小的哺乳动物物种来自古巴，如生活在树上的啮齿类动物 jutía conga 和 jutía carabalí。而根据相关信息，还有濒临灭绝的古巴小比目鱼。

1985年，联合国教科文组织认可了这一造林项目的重要意义，并与古巴政府开展合作，在罗萨里奥山脉增加了61 776英亩（相当于2.5万公顷）的生物圈保护区。

在特殊时期，失去苏联和其他前社会主义贸易伙伴之后，古巴政府采取了革命性的手段促进生态和文化旅游，并加倍重视生态的可持续发展。同样从这一时期开始，种植有机食品成为一种强制性的要求。

当地村民从一个殖民地种植园的废墟中修复了一个咖啡种植园。他们种植咖啡树，并开始收获遮阴种植的阿拉比卡咖啡。当地也开始生产蜂蜜，出现了大范围的养蜂产业。

拉斯特拉扎斯村：再造林项目的典范

7月28日，我所在纵队小组访问了拉斯特拉扎斯（属于罗萨里奥山脉生物圈）。我们在村子里遇到了当地导游艾达，然后我们一起参观了圣胡安河。这条河流由硫磺泉水滋养，因此被认为是经过矿物处理过的。拉斯特拉扎斯村和圣胡安河是哈瓦那工人度假时常去的地方。国庆节期间我们也在那里，我们和许多古巴人一起在河里游泳，欣赏森林美景。

村子里有自来水、电力、学校、日托中心、家庭医生、牙医、诊所实验室和药房。从一开始，科学工作者、公共服务提供者和艺术家就加入了当地人民的行列——这个项目极大地改善了当地的生活条件。

村民们建造了一个养鱼的湖泊，有些人饲养牲畜来给人们提供肉食。拉斯特拉扎斯村已经有了一些太阳能，并计划在可能的情况下安装更多。后来，这个村子又增加了一个生态博物馆、一个电影院和一个迪斯科舞厅，因为古巴人以热爱电影和音乐而闻名。他们后来决定用旅游业的收益建造一座图书馆。

拉斯特拉扎斯村成为另外11个造林项目的典范。联合国教科文组织认可古巴重新造林项目的"融合知识和传统做法以加强社区参与战略规划的原则"，而且迄今为止，联合国教科文组织已经认可了另外五个古巴生物圈。

罗萨里奥山脉生物圈有自己的自然保护条例，由当地革命保卫委员会组织的社区做出所有关于可持续发展的决定，如限制进一步建造建筑和住房。另外11个造林社区定期在拉斯特拉扎斯举行会议，交换当地的种子以促进生物多样性，他们还交易其他农产品。

拉斯特拉扎斯村拥有三个绿色花园，为学校和社区提供了大部分食物。他们也为公园里的七家生态餐厅提供食物。村民们还种植水果、花卉以及用于提供草药输液和维生素的植物。

幼儿园的孩子们有自己的花园，他们在午餐和零食时间吃自己的农产品。孩子们甚至学会了用各种花朵制作草药冲剂，比如洋甘菊和番石榴。

我们的导游艾达告诉我们："当我告诉你种植我们需要的一切是强制

性的，这不是因为有人来告诉我们必须要这样做，而是因为我们需要这样做，我们一直在种植有机作物。"

到目前为止，他们已经种植了约 700 万棵本土树木，拥有 800 多种植物，极大地恢复了生物多样性。专家们每天都在森林中寻找植物和动物的种类，每周两次与当地学生一起工作，教他们认识这些植物。即使是小孩子也能够识别出六七种当地的植物。

全球变暖对古巴的影响

我们的导游谈到了全球变暖对古巴生长季节和当地植物群的影响。由于气候炎热，一些植物的种类已在森林中消失；其他一些植物的生长季更早、更长，比如芒果树。今年 7 月是世界上有记录以来最热的月份。导游告诉我们，古巴过去全年平均气温为 24°C 至 25°C（75°F 至 77°F），但今年的气温却创下了 39.8°C（103.64°F）的新高。

导游艾达说，植树造林计划从一开始就以环境为重点。当她还是个孩子的时候，在植树造林之前，季节性降雨时间很长，孩子们有时被迫待在家里一两个星期不去上学，而现在的季节性降雨可能只会持续三天。

拉斯特拉扎斯的人民过着乡村生活，他们生活在宁静而美丽的森林中，生活更加丰富多彩，但他们的文化生活与大多数资本主义国家的乡村生活截然不同。除了能够享受免费的医疗、教育、参与所有的决策、关注科学和可持续发展及有机食品之外，他们像所有古巴人一样，热衷音乐和艺术。

当地一位名叫保罗·蒙塔涅斯的音乐家闻名世界，每年6月，拉斯特拉扎斯都会举办为期五天的音乐节来纪念已故的蒙塔涅斯，有来自古巴各地和其他国家的人参加。这个村子的文化生活非常丰富。

在过去的几年里，村民们开始组织起来清理河里的垃圾，但外国游客和一些古巴国内的度假者却往河里乱扔垃圾。孩子们被邀请清理游客留下的垃圾，这样，他们的环境意识从小就得到了培养。革命保卫委员会目前正在讨论是否有必要限制游客人数，以保护环境。

资本主义公司污染水源

美国有哪个城市会讨论可持续发展？有哪家公司在规划矿物或化石燃料开采项目时考虑过这一点？一个都没有！他们在关闭的矿山附近留下了巨大的有毒的废水收集池，这些水杀死了成群的候鸟。

从北极圈阿拉斯加的"埃克森·瓦尔迪兹"油轮漏油事件，到英国石油公司在墨西哥湾的漏油事件，资本主义公司从未清理过他们对土地和水域造成的破坏。动物、植物、人类的生命为此付出了惨痛代价。

资本主义把我们地球上的土地、水和空气当作商品来出售、开发、破坏，把地球当作垃圾场！

我们需要迅速摆脱对化石燃料的使用，以阻止全球变暖，但资本主义不会停止对自然的战争。资本主义不会停止增加对大气、海洋和陆地的破坏。自1965年林登·约翰逊以来，美国总统一直在听取有关温室气体的简报。大型石油公司早在几十年前就知道这些风险。

如今，超过 80% 的美国居民生活在城市地区，身体和精神都与森林的残余部分脱离了关系。值得注意的是，西部原住民保护区的森林比美国国家森林的状况要好，尽管只获得了三分之一的资金支持。林业专家认为，原始森林应得到更好的照料和保护。

然而，随着全球变暖，现在的火灾高发期时间更长，发生火灾时的温度更高，燃烧速度更快。土著居民专注于维持整个土地的生态功能。所有国家森林和公园都是盗窃来的原土著居民的土地。

欧洲殖民主义的"人类高于自然"的世界观应该被看作是迷信和反科学的。所有的资源规划都必须是全面的，这是林业科学家从与土著林业项目合作中学到的，森林生态系统也必须得到保护。

根本不存在"B 星球"！

资本主义是不可持续的，它是一种死亡经济，是一种死亡文化！就其本质而言，资本主义不可能实现环境的可持续性。对于那些刚接触环境保护主义的人来说，我们所谈论的可持续性是指生物圈，地球上的生命。根本不存在"B 星球"！

为了实现人类未来的可持续发展，我们需要把大型石油公司国有化，并重建基础设施。我们需要让科学家参与到一个由工人阶级主导的、社会主义性质的项目中来，我们迫切需要他们用专业能力来帮助我们寻找快速摆脱对化石燃料依赖的最佳做法。

我们需要的不是个人选择，而是中央计划，使社区和国家能够像古巴那样做出集体选择。

阻止全球变暖还需要植树造林。森林不仅能净化空气中多余的碳，它们还能保护土壤、水、空气、生物多样性，并提供生计。尽管几十年来一直受到美国的非法封锁，古巴已经进行了50年的植树造林工作。古巴保护自己的濒危物种，努力恢复土著生态系统。古巴只种植有机食品。尽管靠近美国的佛罗里达州，但古巴的珊瑚礁比佛罗里达州的要健康得多。

古巴的社会主义规划以可持续性为中心，使古巴人民能够做到这一切。尽管遭受帝国主义的经济侵略，革命的古巴仍然是应对全球变暖的典范。

就像菲德尔·卡斯特罗所说，萨帕塔讲"另一个世界是可能的！"

第八部分

什么是社会主义？

第一部分
丹麦、帝国主义和社会民主

德尔德·格里斯沃尔德

2018 年 8 月 22 日

近年来，大型民意调查公司一直在询问美国的年轻人，他们更喜欢社会主义还是资本主义。在发表意见的人当中，大多数回答是"社会主义"。

这是从麦卡锡主义和冷战开始并持续了几十年的反动时期以来，美国人态度发生的翻天覆地的变化，这是值得欢迎的。

但社会主义这个词对不同的人来说可能意味着不同的东西。在本系列的文章中，我们打算从历史角度来看待社会主义这个词，它来自何处，它的内涵在马克思、恩格斯、列宁的著作，以及其他理论（和实践）家领导深刻、革命性社会变革过程中是如何演变的。

我们将看到社会主义一词在今天如何以一种完全不同的方式被人们使用，通过添加"民主"这个词来证明资本主义制度下进步性改革的合法性，成为一种不需要通过革命就能实现社会变革的方式。

长期以来，美国的资产阶级经济学家一直被要求——尤其是当东欧存在一个以苏联为首的国家集团时，在那里生产资料属于国家，而不是私人资本家——对社会主义的哪怕一丁点暗示都要嗤之以鼻，并赞扬资本主义是社会发展的全部和最终目标。

但现在，上述做法在这样一个时代完全行不通了。在当今时代，特朗普不断取消进步的社会支出项目，不断煽动种族主义、厌女主义、偏执主义和仇外心理，亿万富翁和日益贫困的工人阶级之间的财富差距变得令人难以置信，而且越来越大。

因此，大型资本主义媒体的一些作家们捍卫的不是社会主义，甚至对他们来说"民主社会主义"都有点过了，而是"社会民主"。2018 年 8 月 16 日，保罗·克鲁格曼在《纽约时报》撰写的一篇专栏文章就是一个很好的例子。克鲁格曼经常为该报撰写有关劳工问题的文章，并自称是一名"进步主义者"。

社会主义与"社会民主"

在题为《丹麦有个政策没有变坏》的文章中，克鲁格曼赞扬了这个国家，他说，近几十年来，丹麦一直在"适度地向左转，而我们则向右转。而且丹麦做得很好"。他将丹麦政府的巨额支出与美国政客散布的对社会福利项目"收入再分配"的恐惧进行了对比。克鲁格曼指出了一些事情，比如更长的假期、国家医疗系统、更多的工人加入工会、更低的失业率和更长的人均预期寿命，这些都表明丹麦工人的生活比美国工人更好。

"但丹麦是社会主义国家吗？"克鲁格曼问道。他进而回答说："的确，丹麦根本不符合社会主义的经典定义，即政府掌握生产资料。相反，它是社会民主的——在这里，市场经济即资本主义经济的负面影响可以通过政府的行动来得到缓解，包括构建了一个非常强大的社会安全网。"

这些都是事实。丹麦不是社会主义国家，但克鲁格曼忽略了全球范围内存在的激烈的阶级斗争，这种斗争导致这个小帝国主义国家的统治者为了维持他们的特权阶级地位而同意工人的一些要求。为了继续掌权，他们做出了一点让步，从而得以继续剥削工人的劳动，无论是在国内还是在世界各地。

工人斗争的成果遭到破坏

克鲁格曼还忽略了当前丹麦工人在面对资本主义冲击时为保住他们所赢得的一切而进行的斗争，这种冲击正在整个欧洲加剧。与美国一样，那里的极右政治势力也抓住移民问题不放，试图离间本土出生的工人和移民工人之间的关系。

在丹麦，也存在着"零工经济"，即缺乏保障和权利的临时性工作。虽然大型制造业和公共部门的工人大多是有组织的，但食品服务和零售机构等行业正在剥削着来自"全球南部"的移民工人，他们逃离了被帝国主义战争和新殖民主义折磨而处于可怕境地的祖国。

这些移民中有许多受过高等教育。在过去两年中，以积分为基础的绿卡体系变得更加困难，要想在丹麦有资格工作，申请人必须有硕士及以上学位，并且会说丹麦语，而全球使用丹麦语的人口不到600万。尽管在丹麦工作有这些严格的要求，但许多受过高等教育的移民最终还是获得了绿卡，即便如此，他们最终也只能从事一些洗碗或打扫浴室的工作，几乎得不到任何法律保护，就像美国的许多移民一样。

丹麦的大多数左派，包括本国人和移民工人，都在抵制这种对他们来之不易的权利的侵蚀。他们毫不怀疑丹麦是一个资本主义国家，尽管其政治体制是所谓社会民主的。他们也明白，按照种族、宗教或国籍等因素来划分员工是老板们有意破坏工人在阶级斗争中取得的成果而采取的危险策略。

丹麦和北约

丹麦是北约的创始成员国之一。北约成立于1949年，是全球帝国主义为了在军事上包围并击退苏联和东欧工人国家，并将西欧国家控制在资本家手中的国际军事集团。虽然"东方集团"（Eastern Bloc）国家从第二次世界大战中崛起，遭受了纳粹帝国主义的猛烈破坏，但它们仍然提供了许多连当时更繁荣的西欧国家工人也没有的东西：免费的社会化医疗、免费的教育、更长的假期、提前退休的福利、有保障的工作岗位等等。这些是1917年俄国十月革命给工人们带来的成果，并在第二次世界大战结束后在东欧国家里得到普及。

冷战妖魔化了苏联及东欧国家，当时西欧强大的工人政党正在为工人们争取同样的成果而斗争。正是这些时代条件促使一些西欧国家的资本家接受了社会民主主义，并认为它比彻底的工人革命"罪恶小一些"。

只要资本主义统治阶级继续存在，是否对工人作出实质性的物质让步，完全由他们自己说了算。在经济危机时期尤其如此——目前全球范围内的经济危机正在加深，直接源于资本主义"生产过剩"的矛盾。在这场危机中，资本家试图推翻工人阶级之前所取得的成果，以便在激烈的、狗咬狗的竞争中提高自己的利润，这是衰落的资本主义制度所固有的特征。

北约已经演变成一支好斗的武装力量，用来对抗任何挑战美欧帝国主义在世界范围内统治的政权或运动。在这场全球帝国主义战争中，丹麦向阿富汗、伊拉克、波斯尼亚、爱沙尼亚和吉尔吉斯斯坦派遣了军队和战机。

特朗普在竞选期间抱怨欧洲人没有向北约缴纳"公平份额"，并要求他们将军费提高到国内生产总值的2%。彭博新闻社预测，这将"打破丹麦的福利国家形象"。

在资本主义国家，即使是社会民主主义国家，成为世界帝国主义的伙伴也是要付出代价的。完全掌握主动权的资本家就是要确保这些代价由工人阶级来承担，而不是那些老板。

第二部分*
早期社会主义实验的教训

德尔德·格里斯沃尔德

2018 年 9 月 7 日

在印第安纳州西南部，离沃巴什河不远的地方有一个叫作新和谐的小镇。这个小镇的人口大约有 1000 人，几十年来变化不大。多年来，该小镇一直被视为一个农业区的文化中心。

从历史的角度来看，新和谐镇具有相当重要的意义。这是社会主义思想发展的一个里程碑，它保留了社会改革的一些特征，即使在今天也具有现实的政治意义。

是什么让新和谐镇脱颖而出？150 多年前，当它还是一个边境城镇时，有人试图在那里建立共产主义社会。当时有许多类似的冒险，但这一次值得关注，因为它是由 19 世纪真正伟大的人物之一组织和启发的，一个叫罗伯特·欧文的威尔士人。

罗伯特·欧文像巨人一样引人注目，因为他确实把他的可观财富花在了改善工人生活的事业上。他在苏格兰和美国开展了许多共产主义社会实

---

* "什么是社会主义？"系列的第二部分包含了萨姆·马西 1992 年出版的小册子《苏联社会主义：乌托邦还是科学？》前半部分的删节版。在这本书中，马西描述了 19 世纪初一位威尔士制造商试图通过在美国建立一个基于共产主义原则的城镇，来克服新兴工业化资本主义带来的恐怖。他分析了这一尝试的许多成就，但也分析了最终是什么压倒了这个大胆的实验。

验，并把他的大部分生命都奉献给了捍卫工人阶级利益的伟大事业。

罗伯特·欧文：早期的共产主义者

卡尔·马克思的同伴弗雷德里克·恩格斯在《社会主义从空想到科学的发展》一书中描述了欧文是如何开始他的事业的，当时英国大型制造业城镇工人阶级的状况已经变得非常糟糕。

社会地位和欧文相同的大多数人都认为，工业革命只是便于浑水摸鱼和大发横财的一片混乱。欧文则认为，工业革命是运用他心爱的理论并把混乱化为秩序的好机会。

当他在曼彻斯特领导一个有500多工人的工厂的时候，就试行了这个理论，并且获得了成效。从1800年到1829年间，他按照同样的精神以股东兼经理的身份管理了苏格兰的新拉纳克大棉纺厂，只是在行动上更加自由，而且获得了使他名闻全欧的成效。

人口逐渐增加到2500人，这些人的成分原来是极其复杂的，而且多半是极其堕落的分子，可是欧文把这个地方变成了一个完善的模范移民区。在这里，酗酒、警察、刑事法官、诉讼、贫困救济和慈善事业都绝迹了。而他之所以能做到这点，只是由于他使人生活在比较合乎人的尊严的环境中，特别是让成长中的一代受到精心的教育。[①]

这与今天资金不足、构思拙劣的社会服务多么不同啊，今天这些服务拖累了人们的精神！

---

① 恩格斯：《社会主义从空想到科学的发展》，北京：人民出版社，2018年版，第47页。——译者注

恩格斯接着说，欧文的竞争者迫使工人每天劳动 13—14 小时，而在新拉纳克工人只劳动 10.5 小时。当棉纺织业危机使工厂不得不停工四个月的时候，歇工的工人还继续领取全部工资。虽然如此，这个企业的价值还是增加了一倍多，而且直到最后一直给企业主们带来丰厚的利润。

欧文对这一切并不感到满足。在他看来，他给工人创造的生活条件，还远不是合乎人的尊严的，他说，这些人都是我的奴隶；他给他们安排的比较良好的环境，还远不足以使人的性格和智慧得到全面的合理的发展，更不用说允许进行自由的生命活动了。可是，这 2500 人中从事劳动的那一部分人给社会生产的实际财富，在不到半个世纪前还需要 60 万人才能生产出来。我问自己：这 2500 人所消费的财富和以前 60 万人本来应当消费的财富之间的差额到哪里去了呢？

答案是明白的。这个差额落到企业所有者的手里去了，他们除了领取 5% 的创业资本利息以外，还得到 30 万英镑（600 万马克）以上的利润。到目前为止仅仅使个别人发财而使群众受奴役的新的强大的生产力，提供了改造社会的基础，它作为大家的共同财产只应当为大家的共同福利服务。[1]

转向共产主义是欧文一生中的转折点。当他还只是一个慈善家的时候，他所获得的只是财富、赞扬、尊敬和荣誉。他是欧洲最有名望的人物。不仅社会地位和他相同的人，而且连达官显贵、王公大人们都点头倾听他的讲话。可是，当他提出他的共产主义理论时，情况就完全变了。

他被逐出了官方社会……于是他就直接转向工人阶级，在工人阶级中

---

[1] 恩格斯：《社会主义从空想到科学的发展》，北京：人民出版社，2018 年版，第 47—48 页。——译者注

又进行了 30 年的活动。当时英国有利于工人的一切社会运动、一切实际进步，都是和欧文的名字联系在一起的。例如，经过他五年的努力，在 1819 年通过了限制工厂中妇女和儿童劳动的第一个法律。他主持了英国工会的第一次代表大会，在这次大会上，全国各工会联合成一个工会大联盟。①

新和谐镇

从 1825 年到 1827 年，印第安纳州的新和谐镇掌握在欧文的手中，吸引了许多当时最理想主义和最有创造力的改革者，以及自然科学领域的男女学者。此外，受欧文在许多东部城市的公开演讲的启发，许多失业的人也找到了工作。

新和谐共同体的原则是这样解释的："在共同体内，一切工作都是平等的。每个人只接受必要的东西。教师的工作要与工人平起平坐，农民的工作要与工人平起平坐。所有人都要尽其所能，并获得同样的报酬。"

在新和谐镇存在的短短几年里，它的共产主义社会开拓了新的天地。新和谐镇为美国设立了第一所幼儿园、第一所幼儿学校、第一所贸易学校、第一所免费公立学校、第一个妇女俱乐部、第一个免费图书馆、第一个市民戏剧俱乐部，而且它还是第一次地质调查的所在地。

这一小小的乌托邦领地所取得的进步成就不可避免地成为后来工人运动提出重要要求的基础。现在，老板们仍在竭尽全力反对这些福利，并采

---

① 恩格斯:《社会主义从空想到科学的发展》，北京:人民出版社，2018 年版，第 49—50 页。——译者注

取任何可能的措施来削减这些福利。在某种程度上，工人们现在更容易获得它们，原因是全国范围内开展的激烈的阶级斗争。有趣的是，当时被认为是乌托邦的东西现在变得非常实际、非常必要了。

在新和谐镇不再作为共产主义领地之后的很长时间里，新和谐镇成为一个社会和文化的"绿洲"。新和谐镇成为废奴主义运动和妇女运动的中心。

为什么会解体呢？

解体的原因是什么？资产阶级批评家对这些早期共产主义实验地的解体给出的普遍解释是，它们未能奖励"个人主动性"和资本主义帝国主义赖以著称的"粗犷的个人主义"。

但是，它们失败的更重要的原因是与资本主义生产方式竞争，并且依赖资本主义生产方式进行物质资料的买卖。

欧文的共产主义概念建立在这样一种观点上：共产主义实验的成功需要资产阶级进行合作，当资产阶级看到这种社会是多么优越时，他们就会加入进来。因此，欧文和其他伟大的乌托邦主义者，如圣西门和傅立叶，忽视了资本家的本性：他们在利润动机驱使下具有无限的贪婪。这不仅不会让资本家真正支持乌托邦的社会观念，而且他们也不可能毫无压力地就答应工人们最微薄的要求。

事实证明，呼吁这些资本家的内在善良是徒劳的。到马克思和恩格斯撰写《共产党宣言》时，资产阶级已经暴露了其基本的社会与政治倾向。

欧文时代的乌托邦理想主义的哲学家和理论家都无法预见在资产阶级完全统治下出现的资本主义的破坏性特征。

在马克思和恩格斯出现之前，没有人能够深入分析资本主义生产方式的发展动力。激烈的阶级斗争使得任何试图实现社会平等和废除资本主义恐怖的努力都变得不可能。社会主义只能是工人阶级本身在与资产阶级不可调和的冲突中进行坚决斗争的产物。

最重要的是，欧文当时无法预见资本主义生产中出现的无政府状态。资本主义危机周期性爆发所释放出的破坏性力量，即使是一个小小的绿洲，也不允许它进行建立平等主义社会所需的系统规划。事实上，正如后来的历史显示的那样，这些资源较为有限的合作企业是最先被摧毁的。许多通过多年辛勤劳动和自我牺牲建立起来的合作企业，不可避免地成为资本主义生产方式带来的危机的受害者。

欧文在1800年开创了他的第一个合作企业。到了1825年，当他试图在一个被阶级对立撕裂的世界中把新和谐镇发展成一个合作之岛时，第一次世界范围的资本主义经济危机正在发生。

虽然1825年的资本主义危机比较短暂，但在性质上是普遍的。它极大地影响了新和谐镇的发展，因为没有任何一个社区能够独自面对如此巨大的冲击。

共产主义作为一种思想已经存在了几个世纪。像新和谐镇和新拉纳克这样的共产主义社会，以及数以百计的其他社会，不是历史的偶然，而是对阶级社会卑鄙、不平等、贫穷等的反应。

然而，共产主义的根源要追溯到更久远的以前。它深藏在人类社会发展的初级阶段。原始共产主义是人类社会存在的第一种形式。

路易斯·亨利·摩尔根关于北美易洛魁人原始共产主义生活的著作证实了欧洲的社会主义运动在有文字记载的历史之前对其他地方早期社会的推断：有一个普遍的时期，财产是共有的，没有国家，人类劳动的产品是公平分享的。这些结论后来通过对美洲、亚洲和非洲各地土著人的研究得到了证实。

建立在粮食采集和狩猎基础上的初级共产主义最终被私有制所取代，因为它缺乏必要的生产资料的集中和发展。虽然私有财产带来了更高的生产力水平，但也给人类带来了征服与堕落，首当其冲的是女性。

早期共产主义社会的发现驳斥了资产阶级辩护者刻意捏造的谣言：他们指出计划的社会是一种乌托邦，人类不能在生产资料共有和劳动产品公平分配的基础上规划自己的社会。事实上，几十万年来，人们就是这样生活的。

第三部分
巴黎公社和上海公社的教训

德尔德·格里斯沃尔德

最近，美国人，特别是年轻一代对社会主义思想产生了浓厚的兴趣，这种情形与冷战时期世界帝国主义国家对当时试图建设社会主义的国家集团制造"共产主义红色威胁"的恐慌和愚蠢的气氛是完全不同的。但如何实现社会主义呢？

1871年的巴黎公社和1927年的上海公社向世界展示了工人政府的样子。

早在19世纪，欧洲和美国的资本主义发展就一路飙升，其中很大一部分原因是统治阶级对亚洲、非洲和拉丁美洲殖民地的工人进行了过度剥削，而在美国，即使在废除奴隶制后，黑人群体仍处于被奴役状态。极为富裕的商人、制造商和银行家阶层巩固了自己的政治权力，这给国内不断增长的工人阶级带来了难以忍受的条件。

在本系列的第二部分，我们描述了大约一个半世纪前，热心的乌托邦主义者试图通过建立模范社区来建设社会主义，这极大地改善了工人的生活，开创了将劳动妇女从家务劳动中解放出来的先河。但这些乌托邦式的实验被周围陷入盛衰周期的资本主义世界秩序所淹没。

即使乌托邦社会主义者也无法使统治阶级秉承中立立场，更不用说获得他们对自己改革的支持。在此背景下，另一种思想意识形态正在形成。早在1848年，德国的年轻人卡尔·马克思和弗里德里希·恩格斯就提出了推翻资本主义统治阶级的必要性。他们在《共产党宣言》一书中写道："从封建社会的灭亡中产生出来的现代资产阶级社会并没有消灭阶级对立。它只是用新的阶级、新的压迫条件、新的斗争形式代替了旧的。"[1]

马克思和恩格斯不仅用激动人心的语言表达了工人们的愿望，而且他们还参加了1848年德国的革命斗争。这场斗争虽然整体上是为了争取反对专制资产阶级国家和封建残余的民主权利，但已经强烈地反映出工人阶级的独立要求。

1871年的巴黎公社

然而，工人阶级还需要23年的时间才有机会（即使只有很短的一段时间）表明，如果他们掌权，他们能做些什么。1871年的巴黎公社只持续了几个月，但在那个时候，巴黎的工人，无论男女，颠覆了资产阶级统治的支柱。可以说，他们拆除了资产阶级国家的专制机构，代之以武装工人的防卫委员会，向世界展示了"这就是工人民主的样子"。

马克思主义——当时已经被称为"马克思主义"，不是建立在投机和一厢情愿的思想基础上的，而是建立在对人类社会现状的唯物主义分析之上的。因此，马克思、恩格斯怀着极大的兴奋和热情研究巴黎公社及其成就。

---

[1] 马克思、恩格斯：《共产党宣言》，北京：人民出版社，2018年版，第28页。——译者注

巴黎公社是在普法战争和普鲁士军队包围巴黎给群众带来混乱和痛苦的背景下掌权的。公社只存在了不到三个月,但在这段时间里,工人们汲取了宝贵的经验教训,知道他们需要做些什么,才能将一个基于阶级压迫的社会转变为一个有可能废除阶级特权和社会分裂的社会。

1871年3月18日,巴黎公社中央委员会发表了一项宣言:"巴黎的无产阶级,在统治阶级的失败和背叛中,已经认识到,通过把公共事务的方向掌握在自己手中来挽救局势的时刻已经到了……他们明白,通过掌握政府权力,使自己成为自己命运的主人,是他们至高无上的责任和绝对的权利。"而且他们确实掌权了,虽然只有两个多月的时间——但足以证明工人的力量能做些什么。

1871年5月,就在巴黎公社被法国凡尔赛政府及其对手普鲁士的联合力量摧毁后不久,马克思写道:"工人阶级不能简单地掌握现成的国家机器,并运用它来达到自己的目的。"①

他写道:"中央集权的国家政权连同其遍布各地的机关,即常备军、警察局、官僚机构、教会和法院——这些机关是按照系统的和等级的分工原则建立的——起源于专制君主制时代,当时它充当了新兴资产阶级社会反对封建制度的有力武器。"②但是一旦资本家取代了封建领主,工人和资本家之间的阶级斗争升温,资产阶级"已在残酷无情地大肆利用这个国家政权作为资本对劳动作战的全国性武器。"③

---

① 马克思:《法兰西内战》,北京:人民出版社,2018年版,第56页。——译者注
② 同①。
③ 同①,第58页。

新的政治权力机构

巴黎的工人们不得不建立新的权力机构。他们做到了。

1870年秋，他们建立了一支主要由工人组成的国民自卫军，有效地保卫了巴黎公社免受普鲁士的围攻。公社的第一个法令就是废除常备军而代之以武装的人民。

公社由来自全市所有选区的市议员组成，由普选产生。如果人民群众不满意，他们在短期的任期内随时可以撤换。巴黎公社是一个拥有立法权和行政权的工作机构。所有官员，包括警察、治安官和法官，都将成为公社的代理人，随时可以罢免，并领取相当于熟练工人工资的薪金。

公社免除了1870年10月至1871年4月期间累积的所有住房租金。如果这些租金已经支付，则将从未来的付款中扣除。它还停止了该市当铺中所有物品的销售。

在废除了常备军和警察之后，公社切断了政教之间的联系，结束了对天主教会的捐赠和物质特权，而天主教会仍然是非官方的国教。马克思说："教士们要重新过私人的清修隐遁的生活，像他们的先驱者即使徒们那样靠信徒的施舍过活。"[①]《公社报》曝光了教堂对修女犯下的罪行，这些修女曾被教士们关押，甚至遭受折磨。教会对学校的控制结束了，科学战胜了教条，教育成为免费的了。

恩格斯在他关于马克思《巴黎公社》德文版的导言中写道："4月6

[①] 马克思：《法兰西内战》，北京：人民出版社，2018年版，第60页。——译者注

日，国民自卫军第137营把断头机拖了出来，在人民的欢呼声中当众烧毁。4月12日，公社决定毁掉旺多姆广场上由拿破仑在1809年战争后用夺获的敌军大炮铸成的凯旋柱，因为它是沙文主义和民族仇恨的象征。"① 这是在5月16日完成的。后来又被修复了。

"4月16日，公社下令，对被厂主停工的工厂进行登记，并制订计划：把这些工厂的原有工人联合成合作社以开工生产，同时还要把这些合作社组成一个大的联社。4月20日，公社废止了面包工人的夜工。"②

恩格斯补充道，为资本主义辩护的德国人"一听到无产阶级专政这个词就吓出一身冷汗。好吧，先生们，你们想知道无产阶级专政是什么样子吗？请看巴黎公社。这就是无产阶级专政"③。是的，这是一种专政，但它是由多数人掌握的专政，推翻了少数富人的独裁统治。

路障旁的妇女

在妇女几乎没有任何权利的时代，由女性社会主义者带头成立的妇女协会使公社的力量得到了增强。妇女协会主张妇女有权拿起武器保卫革命，并在法国资产阶级与包围巴黎的普鲁士军队勾结袭击公社时，在路障旁英勇作战。

妇女协会要求妇女享受同工同酬、离婚权、女童受教育权并承认所有儿童是"合法的"。不管是否"合法"结婚，已阵亡的国民警卫队士兵的

---

① 马克思：《法兰西内战》，北京：人民出版社，2018年版，第9页。——译者注
② 同①。
③ 同①，第16页。

遗孀将为自己和子女领取抚恤金。法国军队在普鲁士的协助下进入巴黎捣毁公社的前一天，公社正式宣布男女工人同工同酬。

当其他"开明的"资本主义国家的女性距离赢得投票权还有几十年之久时，巴黎的工人阶级女性已经走在了争取社会平等的最前沿。

1927年的上海公社

1927年，以公社形式建立工人政权的尝试在中国再次出现。对有关中国的英文书籍进行搜索时，很少能发现上海工人起义在其短暂的时间中能够实现些什么，但艾格尼丝·史沫特莱[①]在她的传记《伟大的道路：朱德的生活和时代》中详细描述了上海公社最终是如何走向失败的。

上海公社的建立发生在中国人民反对外国殖民统治和国内反动势力的长期斗争的一个重大历史转折点上。当时，国民党是反对军阀及殖民统治的资产阶级民族主义政党。其领导人孙中山去世后，在新领导人蒋介石的领导下，该党突然中断了与中国共产党的两党合作关系，随即开始大肆屠杀工人阶级群众。

帝国主义列强（尤其是英国）因对上海贫困工人阶级的残酷压迫而臭名昭著。帝国主义国家在中国的种族主义行径是如此肆无忌惮，以至于他们禁止任何中国人进入这个重要港口城市的外国控制区。如果中国人违

---

① 艾格尼丝·史沫特莱,美国著名记者、作家和社会活动家,一个杰出的、与众不同的女性。史沫特莱1892年出生于美国密苏里州的奥斯古德,曾在《纽约呼声报》任职。1918年,她因声援印度独立运动而被捕入狱六个月。1928年,史沫特莱赴华,在中国生活12年。抗战初期、中期,她目睹日本侵略中国行径,并向世界发出了正义的声音。——译者注

反帝国主义的相关规定，就有可能被当场杀害。

从 1927 年 2 月开始，艾格尼丝·史沫特莱写道："一支特殊的英国远征军连同美国、法国和日本的海军陆战队，在蒋介石军队正在集结的上海登陆。2 月 19 日，也就是他们登陆三天后，上海工人举行了三次总罢工中的第一次罢工，这三次总罢工都是由周恩来领导的。而在第一次和第二次总罢工中，长江下游的军阀统治者孙传芳倾尽其所有，对工人的罢工进行了残酷镇压，杀害了数百名工人，以此作为对其他人的血腥警告。工人们毫不气馁地举行了第三次大罢工，在 3 月底蒋介石的军队逼近上海时，这场大罢工使这座城市陷入瘫痪。在 300 名持枪工人的带领下，工人们袭击了警察局、驻军总部，最后袭击了兵工厂。他们用缴获的武器继续进行战斗，把孙传芳的军队赶出整个上海地区，然后派出代表团欢迎蒋介石的军队来到上海。"

工人们没有意识到蒋介石已经背叛了革命，甚至期待能够获得国民党军队的支持。而事实则相反，他们最终被蒋介石的部队镇压了。

已血流成河，但尚未失败

史沫特莱引用朱德的话说："到 1927 年年中，大革命结束了……血流成河，将军们纷纷倒戈，到处都是混乱。蒋介石正在不断获得权力，把新旧军阀们都拉拢到他身边，挑拨他们相互竞争，以保持自己的统治地位。蒋介石受到外国帝国主义、中国民族资产阶级和封建地主士绅联合力量的支持。蒋介石被外国人称为爱国者、政治家、伟大的管理者，是能够把中国团结起来的强者。"

中国革命遭受了可怕的打击，但并没有失败。社会主义斗争仍在继续，最终新的领导人——其中包括毛泽东——作出了向农村深处战略转移的决定。

成千上万的人参加了 4000 英里的向中国内地转移的长征，其中许多是工人和知识分子，他们在上海公社的失败和其他沿海城市的群众斗争中幸存下来。在那里，他们赢得了数百万农民的支持，他们加入了反抗可恨的地主、嗜血的高利贷者和资本家的斗争。

他们坚信自己事业的正义性——完全可以确保他们与封建地主、老板、银行家和日本帝国主义者再进行几十年的艰苦斗争，直到 1949 年的那一天，毛泽东主席站在天安门城楼向世界宣告中华人民共和国成立，它标志着中国人民从此站起来了。

参考文献

[1] CARROLL B. Growing signs of deepening global capitalist crisis[EB/OL]. (2019-07-09)[2019-07-09]. https://www.workers.org/2019/07/42879/.

[2] DURKIN K. Together in Solidarity and towards Socialism[EB/OL]. (2020-01-14)[2020-01-16]. https://www.workers.org/2020/01/45528/.

[3] Editor. WW editorial: Trans lives, revolutionary lives[EB/OL]. (2019-04-02)[2019-04-03]. https://www.workers.org/2019/04/41739/.

[4] Editor. What kind of socialism? [EB/OL]. (2020-02-18)[2020-02-19]. https://www.workers.org/2020/02/46259/.

[5] Editor. Working-class youth want socialism! [EB/OL]. (2019-11-12)[2020-05-09]. https://www.workers.org/2019/11/44365/.

[6] Editor. Zero tolerance! Abusers out! [EB/OL]. (2020-02-03)[2020-02-07]. https://www.workers.org/2020/02/45940/.

[7] FLOUNDERS S. Why the U.S. threatens China—as a new superpower[EB/OL]. (2018-11-29)[2019-12-27]. https://www.workers.org/2018/11/39962/.

[8] FLOUNDERS S. China's socialist planning and Covid-19[EB/OL]. (2020-04-03)[2020-04-04]. https://www.workers.org/2020/04/47484/.

[9] GRISWOLD D. What is socialism? Part 1: Denmark, imperialism and social democracy[EB/OL]. (2018-08-21)[2018-08-22]. https://www.workers.org/2018/08/38713/.

[10] GRISWOLD D. Lessons of an early socialist experiment[EB/OL]. (2018-09-06)[2018-09-07]. https://www.workers.org/2018/09/38915/.

[11] GRISWOLD D. Lessons of the Paris and Shanghai communes[EB/OL]. (2018-10-16)[2018-10-16]. https://www.workers.org/2018/10/39426/.

[12] GRISWOLD D. Covid-19 and basic facts of Marxist economics[EB/OL]. (2020-04-24)[2020-04-24]. https://www.workers.org/2020/04/47943/.

[13] GRISWOLD D. How profits drive the capitalist crisis[EB/OL]. (2020-03-16)[2020-03-22]. https://www.workers.org/2020/03/46892/.

[14] GRISWOLD D. How profits drive the capitalist crisis[EB/OL]. (2020-03-16)[2020-03-22]. https://www.workers.org/2020/03/46892/.

[15] GRISWOLD D. On the 150th anniversary of his birth: Lenin's April Theses[EB/OL]. (2020-04-22)[2020-04-26]. https://www.workers.org/2020/04/47920/.

[16] GUTIERREZ T. Brexit and the migration/refugee humanitarian crisis[EB/OL]. (2016-07-04)[2016-07-05]. https://www.workers.org/2016/07/26031/.

[17] GUTIERREZ T. Which road to socialism: Bernie Sanders and voting in a pandemic[EB/OL]. (2020-04-13)[2020-04-16]. https://www.workers.org/2020/04/47658/.

[18] GUTIERREZ T. Covid-19 and the crisis of the elderly[EB/OL]. (2020-04-22)[2020-04-22]. https://www.workers.org/2020/04/47917/.

[19] HANKS J. Coronavirus highlights gap between socialist and capitalist responses[EB/OL]. (2020-03-10)[2020-03-22]. https://www.workers.org/2020/03/46803/.

[20] HEDGECOKE S. Cuba, reforestation and the climate crisis[EB/OL]. (2019-10-07)[2020-02-23]. https://www.workers.org/2019/10/43936/.

[21] HOLMES L. Marx's view of the working class includes all struggles[EB/OL]. (2018-06-07)[2018-06-08]. https://www.workers.org/2018/06/37570/.

[22] HOLMES L. Organizing workers to fight for solidarity[EB/OL]. (2018-06-14)[2018-06-14]. https://www.workers.org/2018/06/37681/.

[23] HOLMES L. Pandemic has hastened Capitalism's end stage: the rest is up to us! -an analysis[EB/OL]. (2020-05-08)[2020-05-12]. https://www.workers.org/2020/05/48449/.

[24] HOLMES L. What road to revolution? [EB/OL]. (2019-12)[2020-01-31]. https://www.workers.org/2019/12/44838/.

[25] HOLMES L. A return to Leninism: the centennial anniversary of the Comintern[EB/OL]. (2019-02-21)[2020-04-16]. https://www.workers.org/

2019/02/41166/.

[26]MOOREHEAD M. Task of a Party: building class solidarity[EB/OL]. (2009-11-24)[2020-05-13]. https://www.workers.org/2009/us/mm_1203/.

[27]MOOREHEAD M. A revolutionary understanding of the national question[EB/OL]. (2019-08-14)[2019-08-14]. https://www.workers.org/2019/08/43256/.

[28]MOTEMA M. The lies are the same about racism at home and abroad[EB/OL]. (2019-12-03)[2019-12-27]. https://www.workers.org/2019/12/44693/.

[29]MOTEMA M. A new generation of socialists is coming[EB/OL]. (2019-03-12)[2019-03-16]. https://www.workers.org/2019/03/41407/.

[30]MOTEMA M. Mass organizing to win revolutionary socialism —WW commentary[EB/OL]. (2020-03-12)[2020-03-12]. https://www.workers.org/2020/03/46820/.

[31]CHASE N. Lesson from Cuba: disaster capitalism and socialist planning[EB/OL]. (2017-11-19)[2020-02-23]. https://www.workers.org/2017/11/34351/.

[32]PRATT M B. Transgender warrior Leslie Feinberg united all struggles for liberation[EB/OL]. (2015-03-31)[2015-04-01]. https://www.workers.org/2015/03/19174/.

[33]SHEA B. Disability rights: A rich theater of the class struggle[EB/OL]. (2014-06-07)[2014-07-12]. https://www.workers.org/2014/06/14698/.

[34] TACCETTA V, MOTEMA M. The coming decade of revolution[EB/OL]. (2020-01-11)[2020-01-18]. https://www.workers.org/2020/01/45408/.

[35] TRAN L T. A road to revolution[EB/OL]. (2019-05-16)[2020-01-31]. https://www.workers.org/2019/05/42320/.

[36] TYLER R. U.S. uses 'drug' lies to menace Venezuela[EB/OL]. (2020-04-27)[2020-04-28]. https://www.workers.org/2020/04/47988/.

[37] WILLIAMS S. 'The Socialist Manifesto' and the rise of social democracy[EB/OL]. (2019-09-10)[2019-09-10]. https://www.workers.org/2019/09/43591/.

[38] WILLIAMS S. What road to socialism? [EB/OL]. [2019-12-06)[2020-01-31]. https://www.workers.org/2019/12/44766/.

[39] WILLIAMS S. A revolutionary view of the Sanders campaign[EB/OL]. (2020-01-21)[2020-02-22]. https://www.workers.org/2020/02/46318/.

译后记

本书名为《通往社会主义之路：工人世界党文集》（*What Road to Socialism: An Anthology of Workers World Articles*），是一本既回首美国共产主义运动斗争往事，又批判美国资本主义现存制度，向往走向社会主义道路的学术论文集，是对美国走向社会主义前途命运的审慎思考。席卷世界各国的新冠肺炎疫情启迪人们就一系列关系人类存在状态和发展前景的重大问题进行深入思考。

本书的作者们是以萨拉·弗朗德斯为代表的美国左翼人士。本书可以被视为《呼吸机上的资本主义——新冠肺炎疫情对中美两国的影响》一书的姊妹篇。以萨拉·弗朗德斯为主要代表的美国工人世界党是一个致力于在本国实现社会主义理想的共产党组织，不仅捍卫中国的社会主义事业，同时它也捍卫所有国家的社会主义事业。在新冠肺炎疫情背景下，美国工人世界党通过自己的各类平台积极在国际上发声，痛批美国资本主义政府坚持利润至上而导致抗疫不力，高度评价以中国为代表的社会主义国家在维护人民生命财产安全等方面的独特制度优势，批判资本主义统治秩序下种族主义、排外主义、战争主义等错误行径。本书有很多内容涉及这些问题。

译后记

　　本人在翻译过程中，曾多次出现越往下翻译越感觉到字里行间的共产主义力量，这种力量一直推动着我，几乎让我深陷其中、废寝忘食，感觉意识和心灵经历了一次洗礼。本书作者为美国工人阶级的当代境遇而苦闷，为当代工人阶级的意识孱弱而悔恨，但对美国的共产党组织的地位及作用又饱含革命的信心，对美国走向社会主义的愿景持乐观积极态度，为走向社会主义的现实道路而亲身实践，为中国、越南、古巴等现存社会主义国家的发展成就而激动。这一切让我在翻译的过程中仿佛置身于美国工人运动和共产主义运动的重要历史场景中，时常沉醉于其中，仿佛他们就站在我面前诉说，时有娓娓道来、涓涓细流式地解说，时有愤世嫉俗、慷慨激昂地演讲，为美国最底层民众、工人群众和被压迫者鼓与呼。这是我想向读者们分享的最真实的感受，绝无半点虚言。

　　本书的作者不是纸上谈兵的"学术派""学院派"，而是投身美国共产主义运动多年的"战士"和"勇士"，他们深入思考的使命感以及语言表达上的魅力不仅来自对马克思列宁主义经典著作的熟知，更来自维护社会公平正义等实际斗争的丰富阅历。他们不是海外知名大学的教授，也不是硕士、博士、院士，但他们具有一般大学学者所不具有的许多东西。让人感到兴奋和激动的是，今年我申请的国家社会科学基金一般项目"21世纪美国共产主义运动新发展研究"得到正式立项，这为本人的美国共产主义运动研究增添了十足的动力。在我与美国友人分享这一消息时，他们的喜悦与期盼远远超出我的预想，他们纷纷表示愿意支持我的研究项目，并愿意提供有关共产主义政党的资料和动态信息。很快，来自美国自由社会主义道路组织的乔·洛斯贝克给我发来了当前研究美国黑人解放运动决不能忽略的一本重要著作《马克思列宁主义视角下的黑人解放与社会主义》，作者是弗兰克·查普曼。

最后，我要特别感谢北京第二外国语学院校长计金标、副校长郑承军、马克思主义学院院长庄文城等领导同志对本书翻译出版的大力支持，是他们的热情邀约，才使本书有机会与读者见面。感谢萨拉·弗朗德斯女士的信任和对本书中文版的支持与帮助。感谢中国社会科学院马克思主义研究院党委书记辛向阳研究员、清华大学马克思主义学院王传利教授等为本书翻译提供的宝贵指导意见。感谢张晓红女士的鼓励和支持。感谢我的爱人独立承担了家庭的一众琐事，使我能够心无旁骛地从事翻译工作。

此外，我还要感谢当代世界出版社领导和编辑们的辛勤工作。书中翻译不当之处，欢迎读者批评指正。

禚明亮
2022 年 11 月于北京东坝